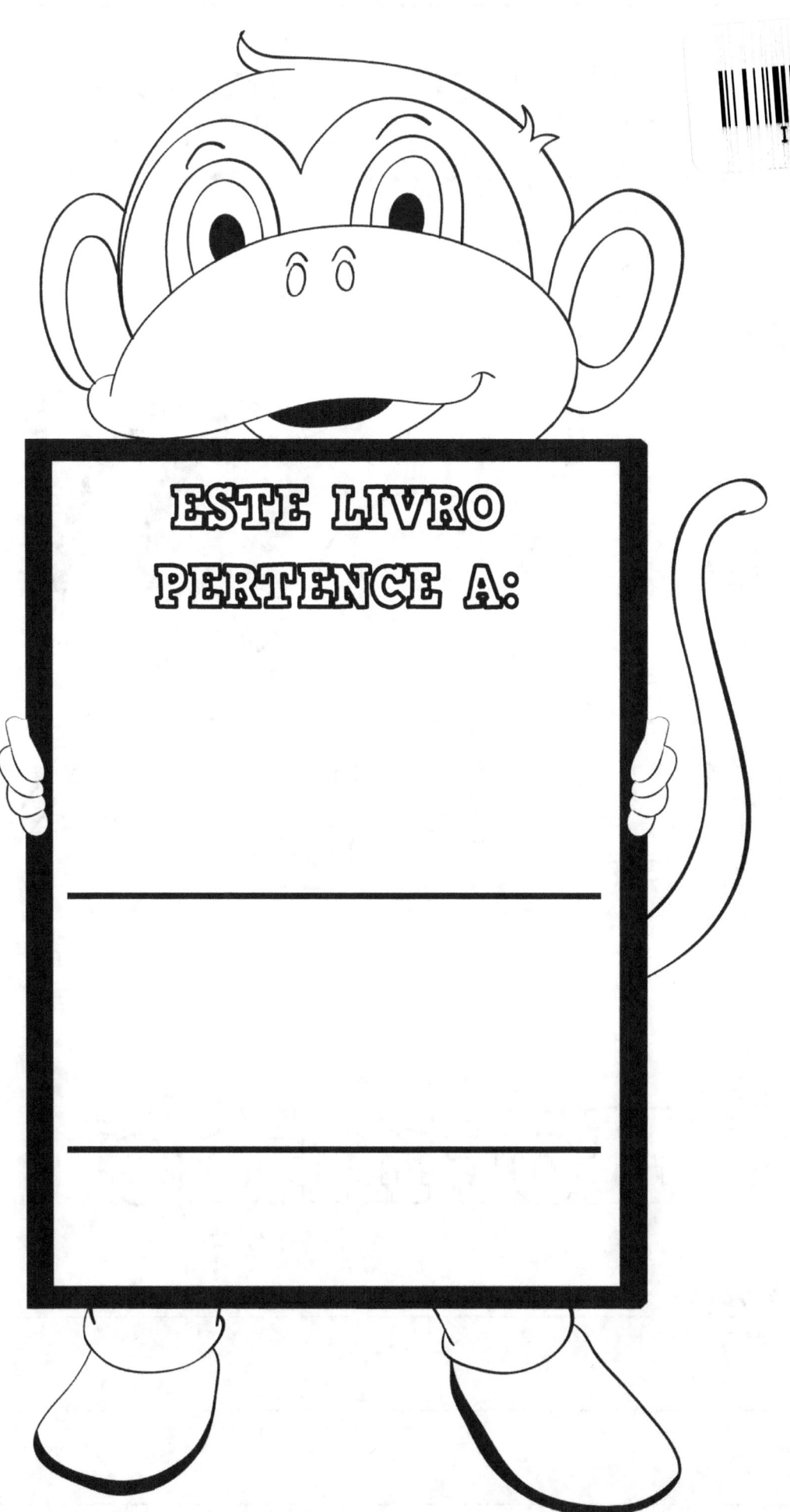

Formiga

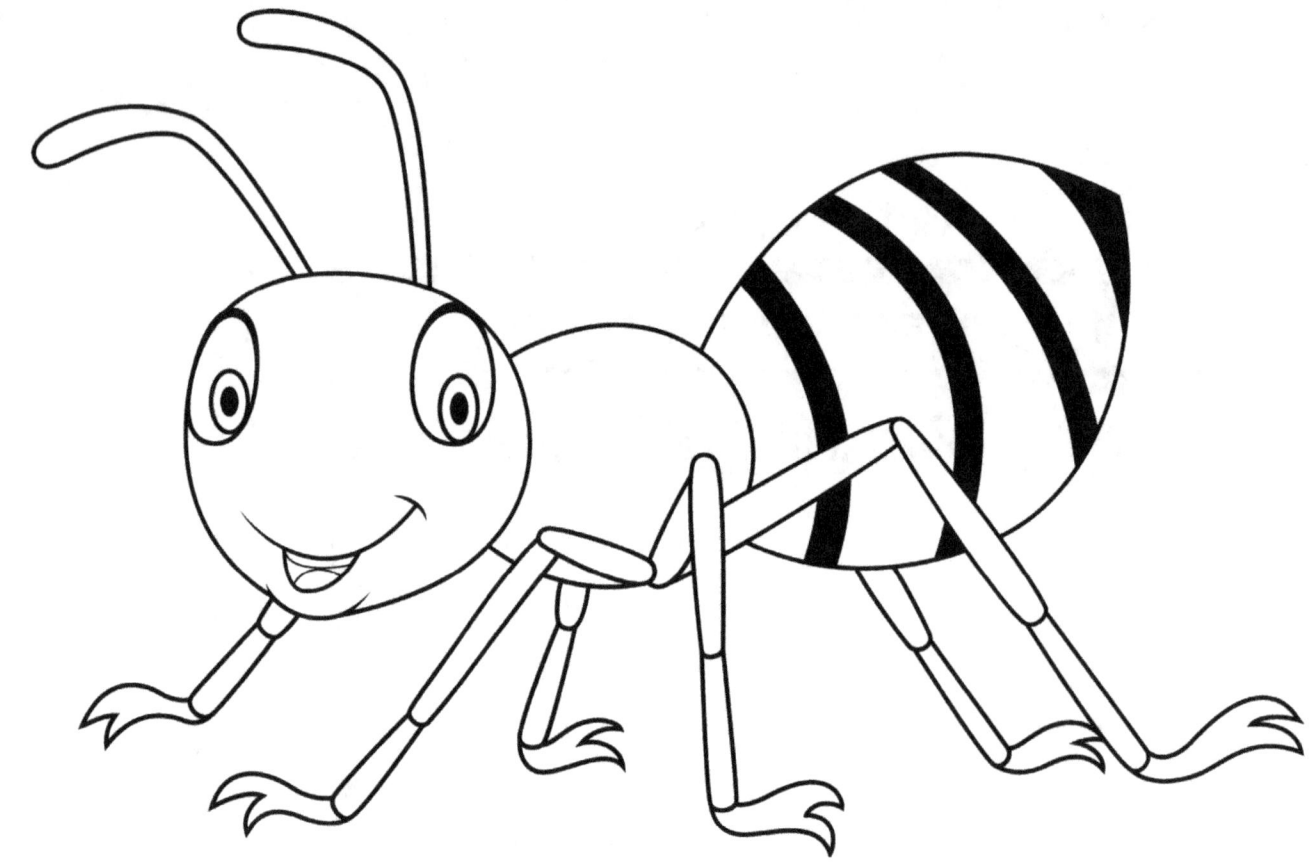

Hormiga

Hormiga
_____

_____

_____

Maçã

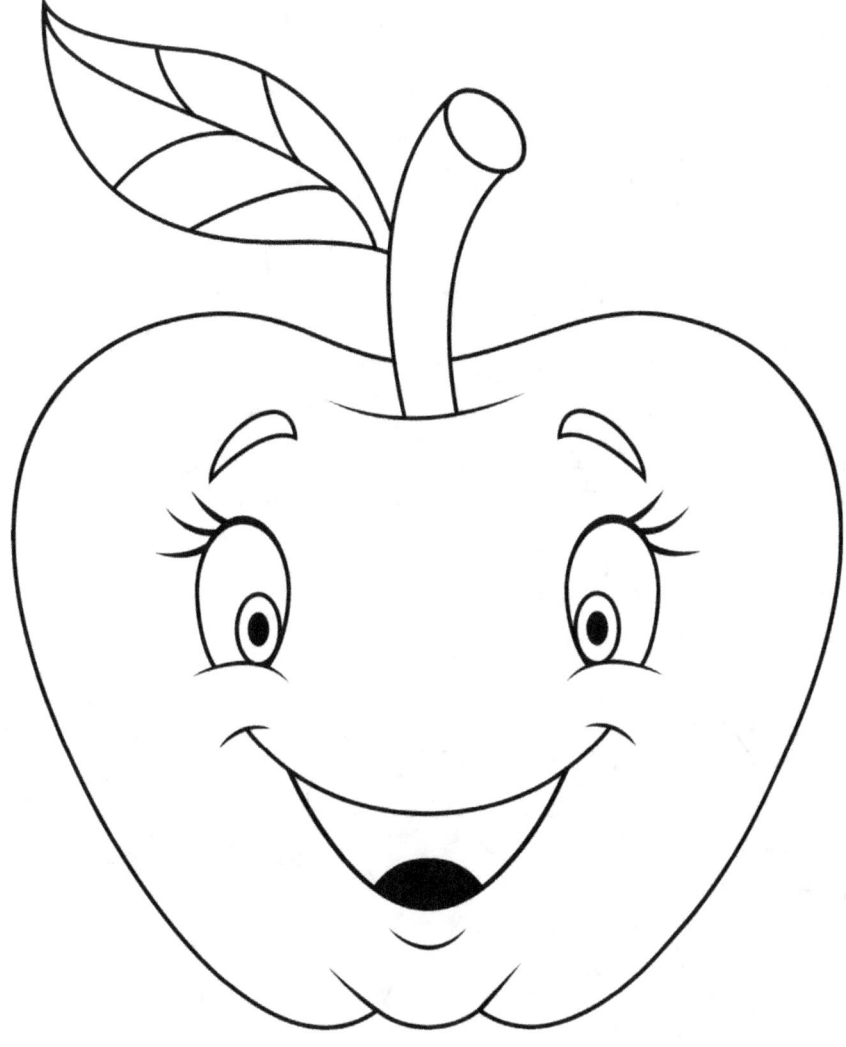

Manzana

Manzana

Astronauta

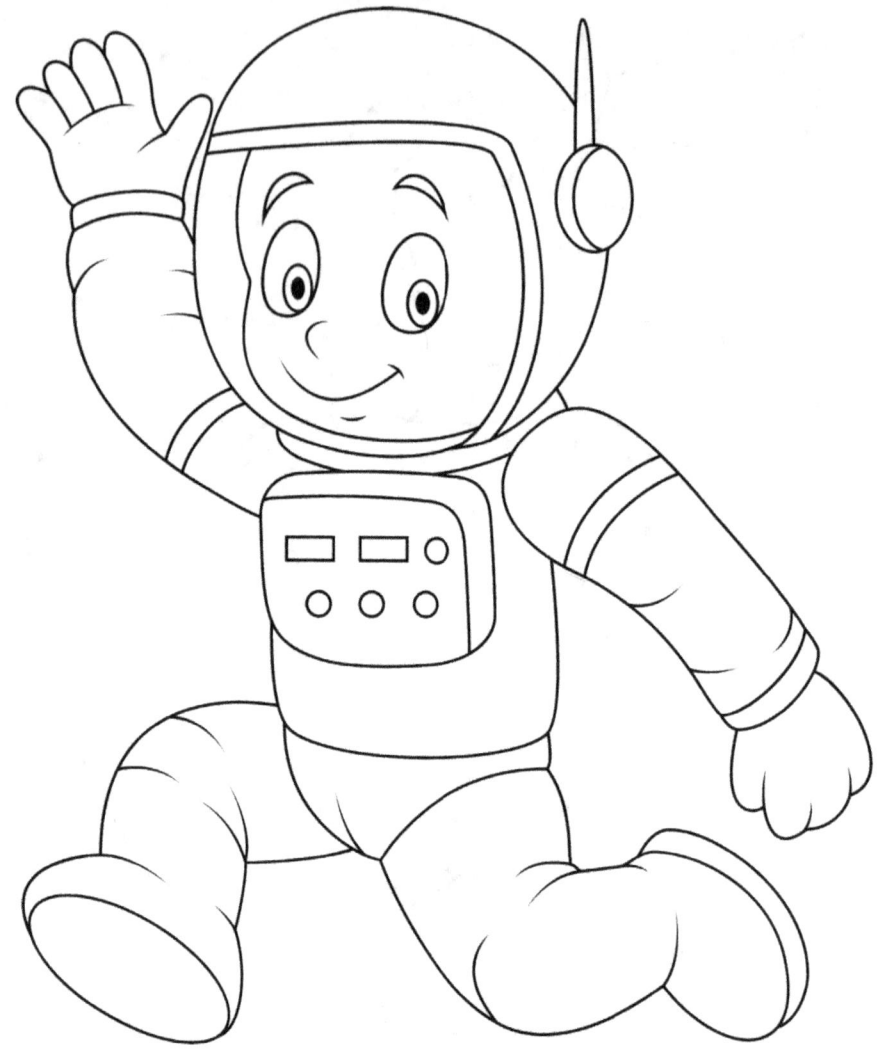

Astronauta

Astronauta
_____

_____

_____

Banana

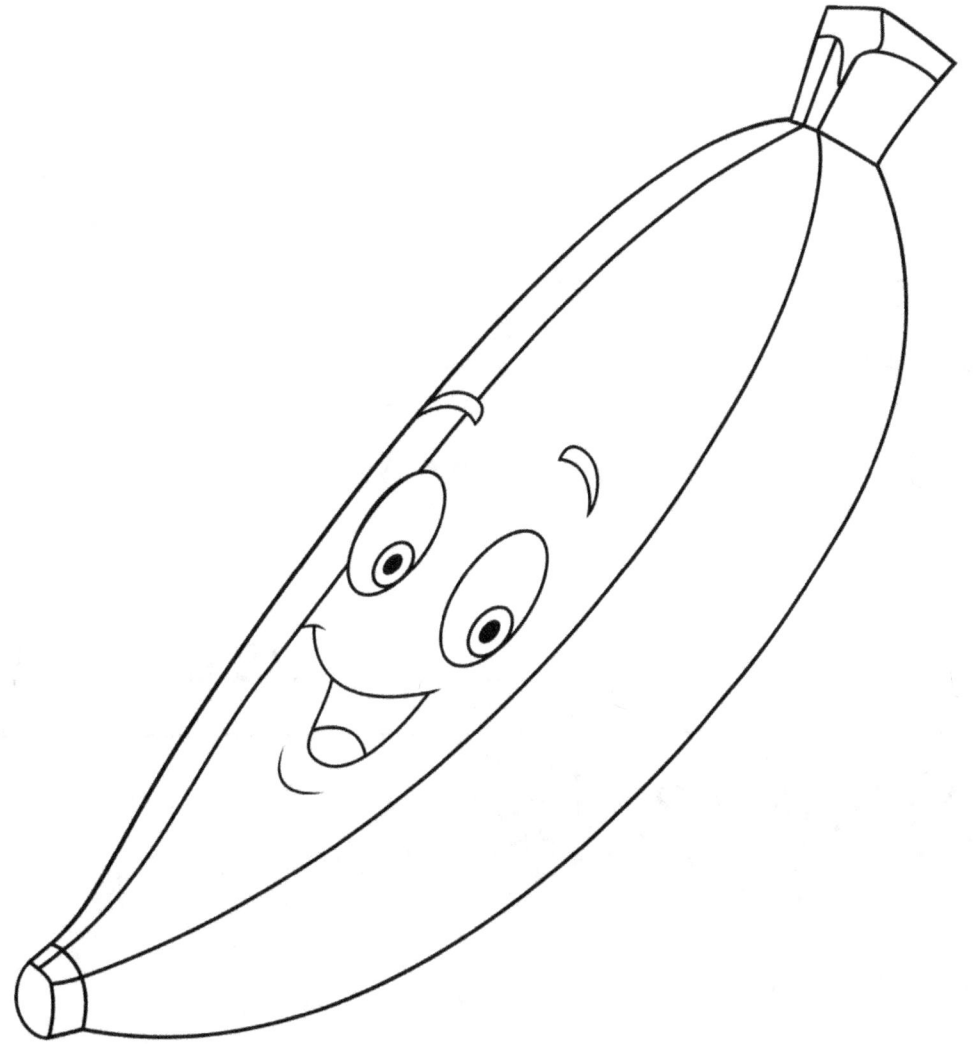

Plátano

Plátano

Formiga

Hor_iga

Maçã

_anz_na

Astronauta

As_rona_ta

Banana

Pláta_o

Urso

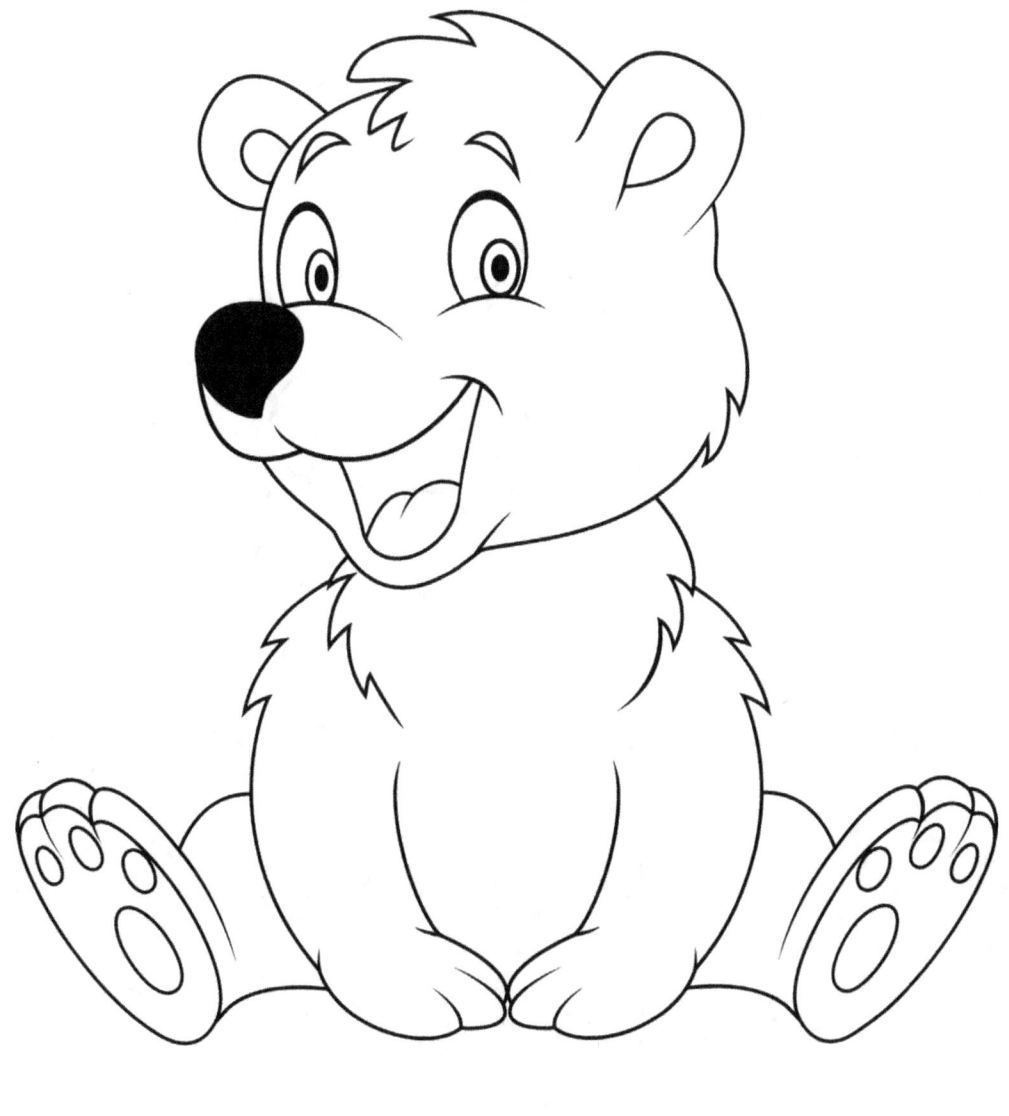

Oso

Oso

Livro

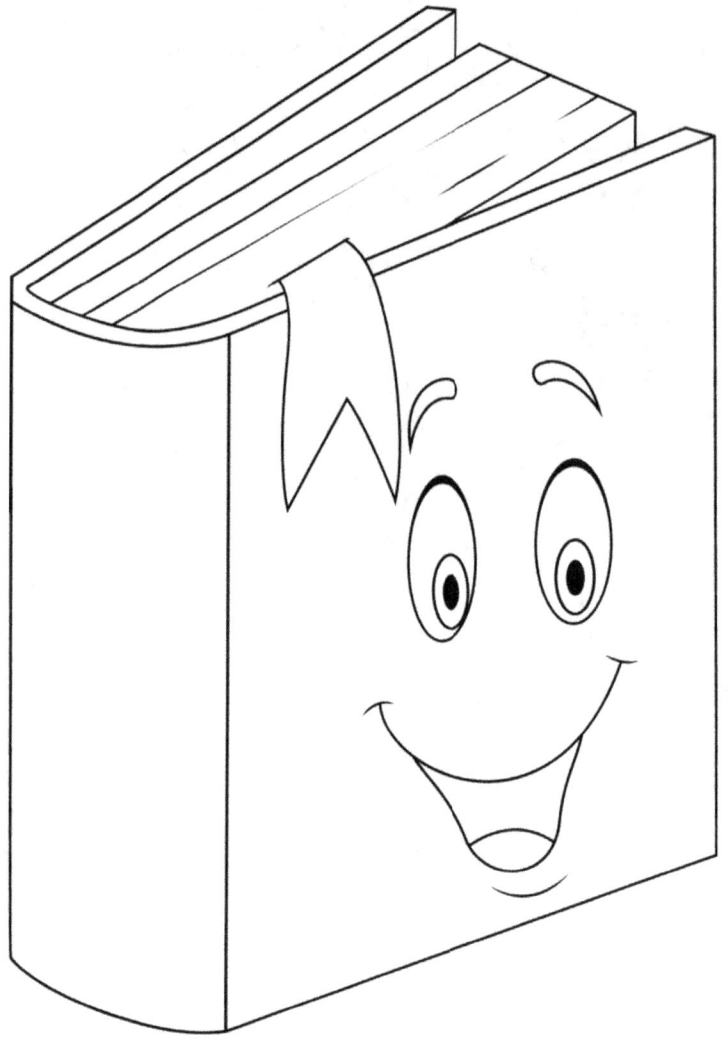

Libro

Libro
_____

_____

_____

Carro

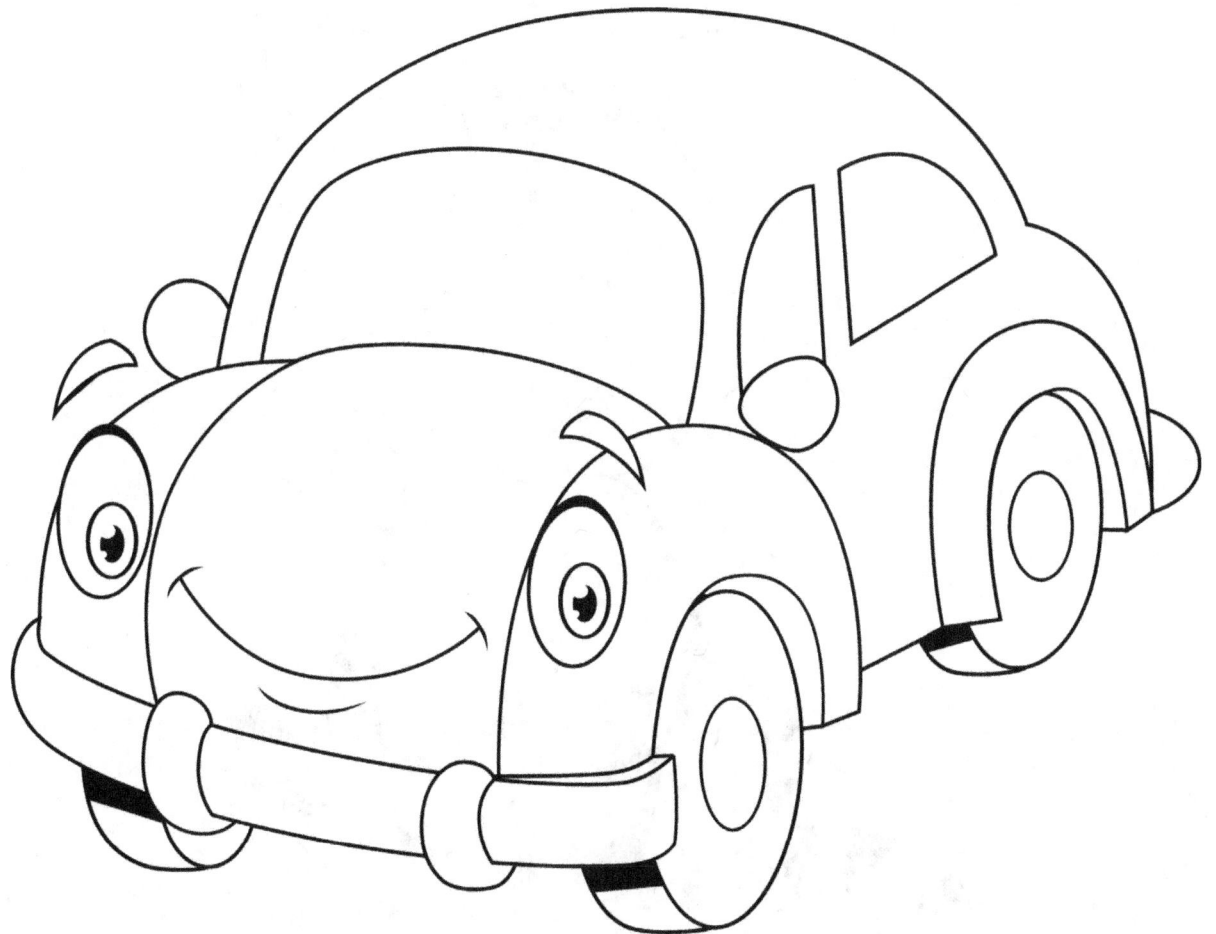

Coche

Coche

Gata

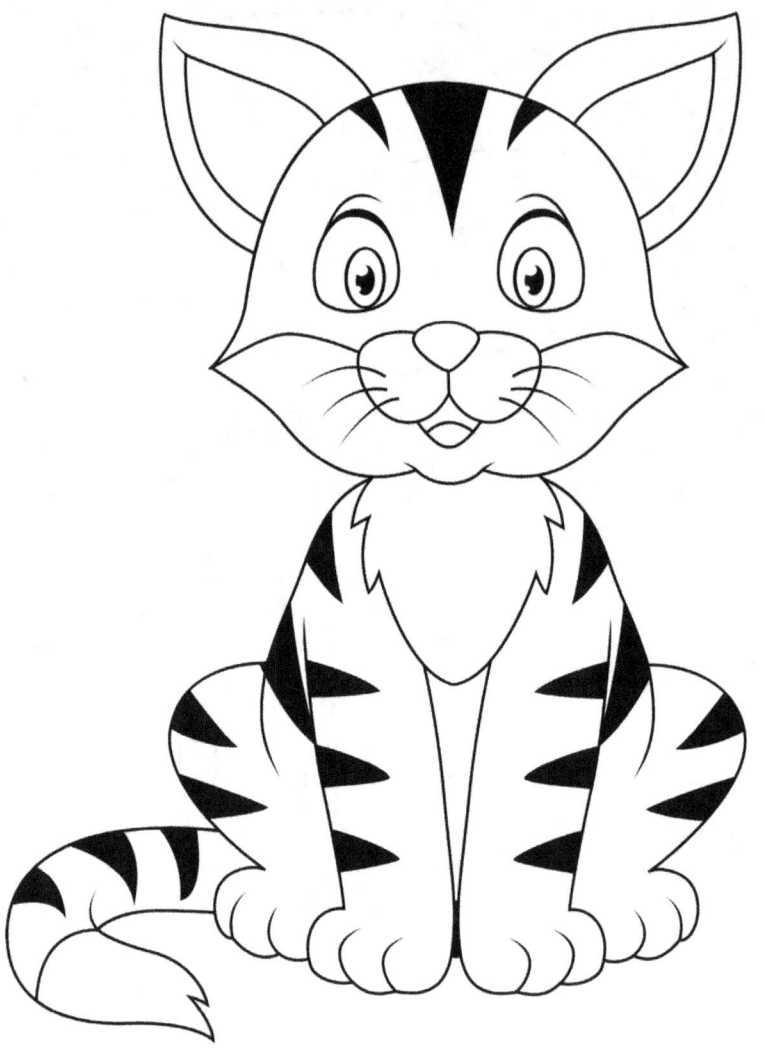

Gato

Gato
_____

_____

_____

Urso

_s_

Livro

Li__o

Carro

C_che

Gata

_a_o

Milho

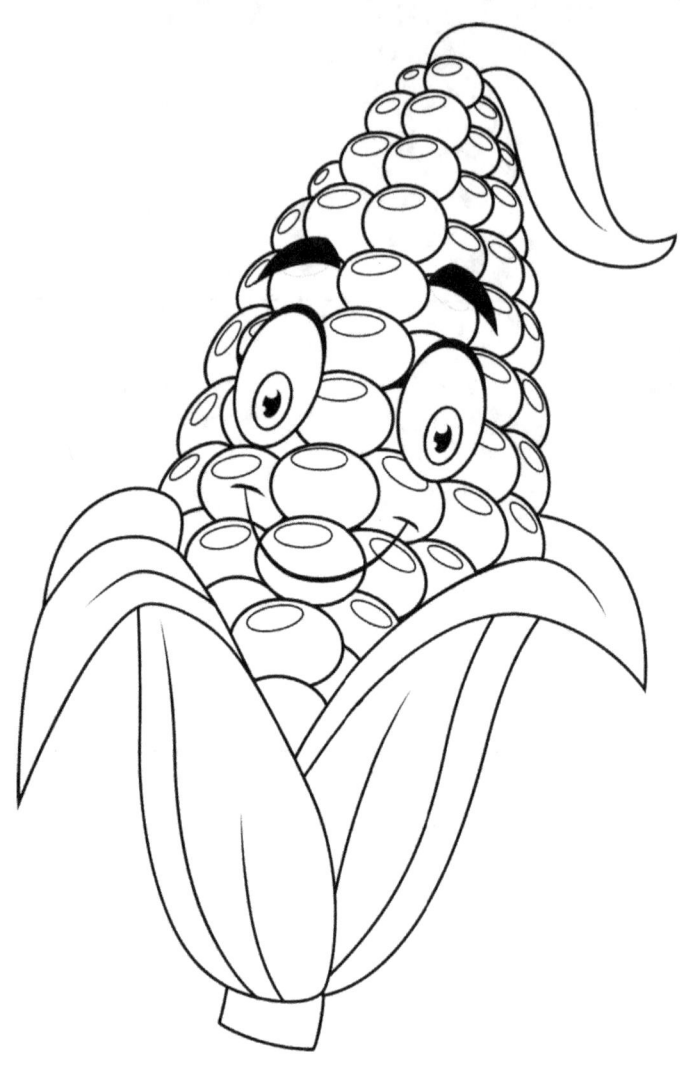

Maíz

Maíz

Cachorro

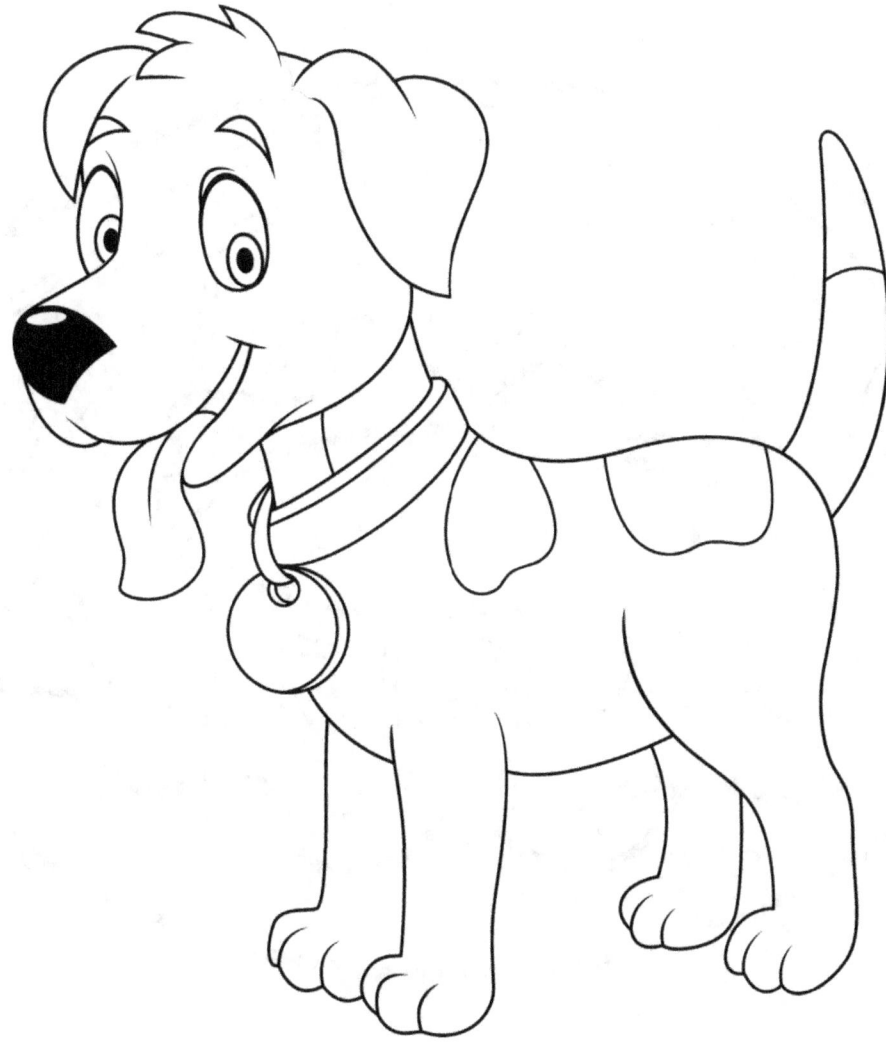

Perro

Perro
_____
_____
_____

Rosquinha

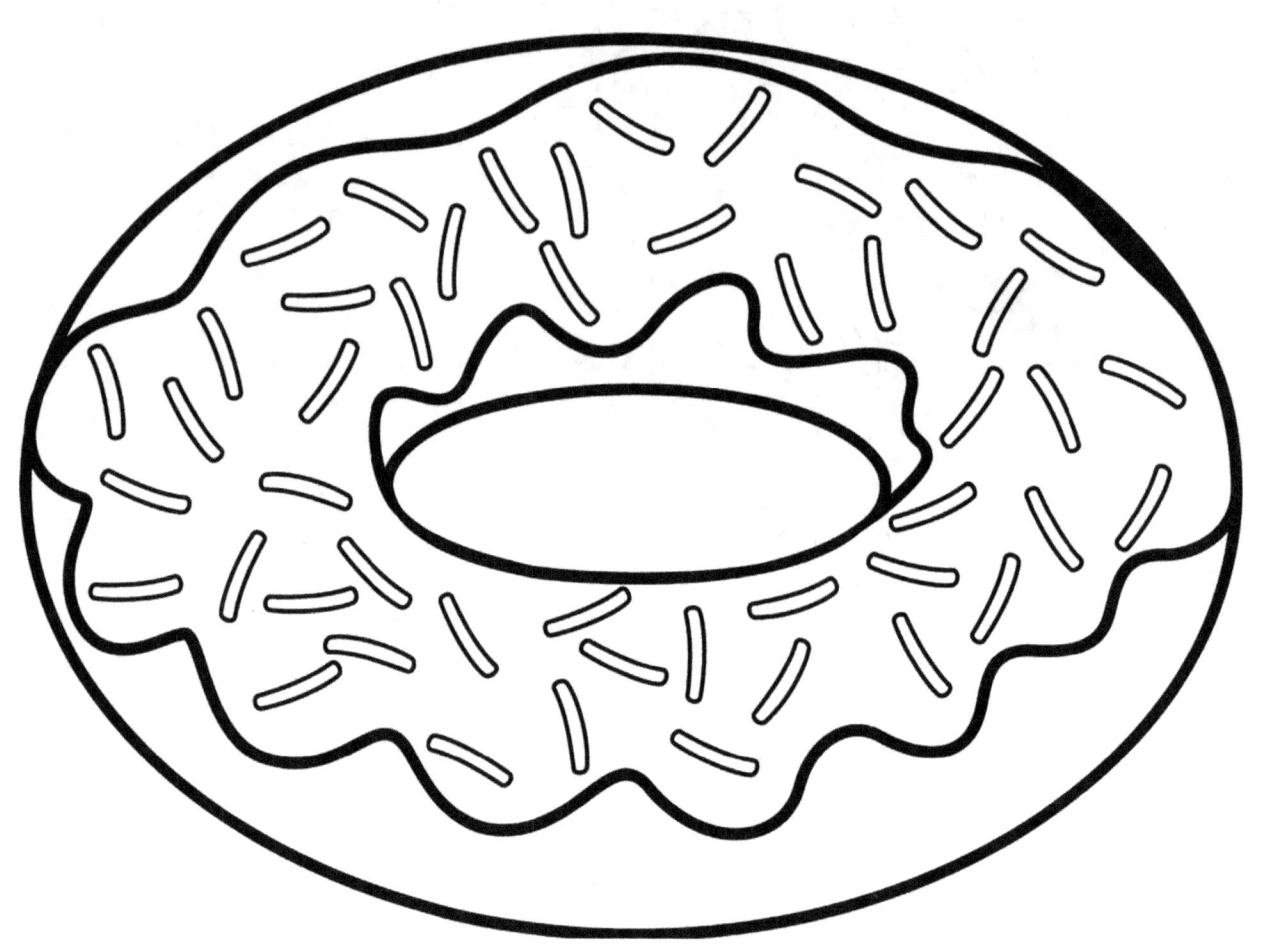

Rosquilla

Rosquilla

Tambor

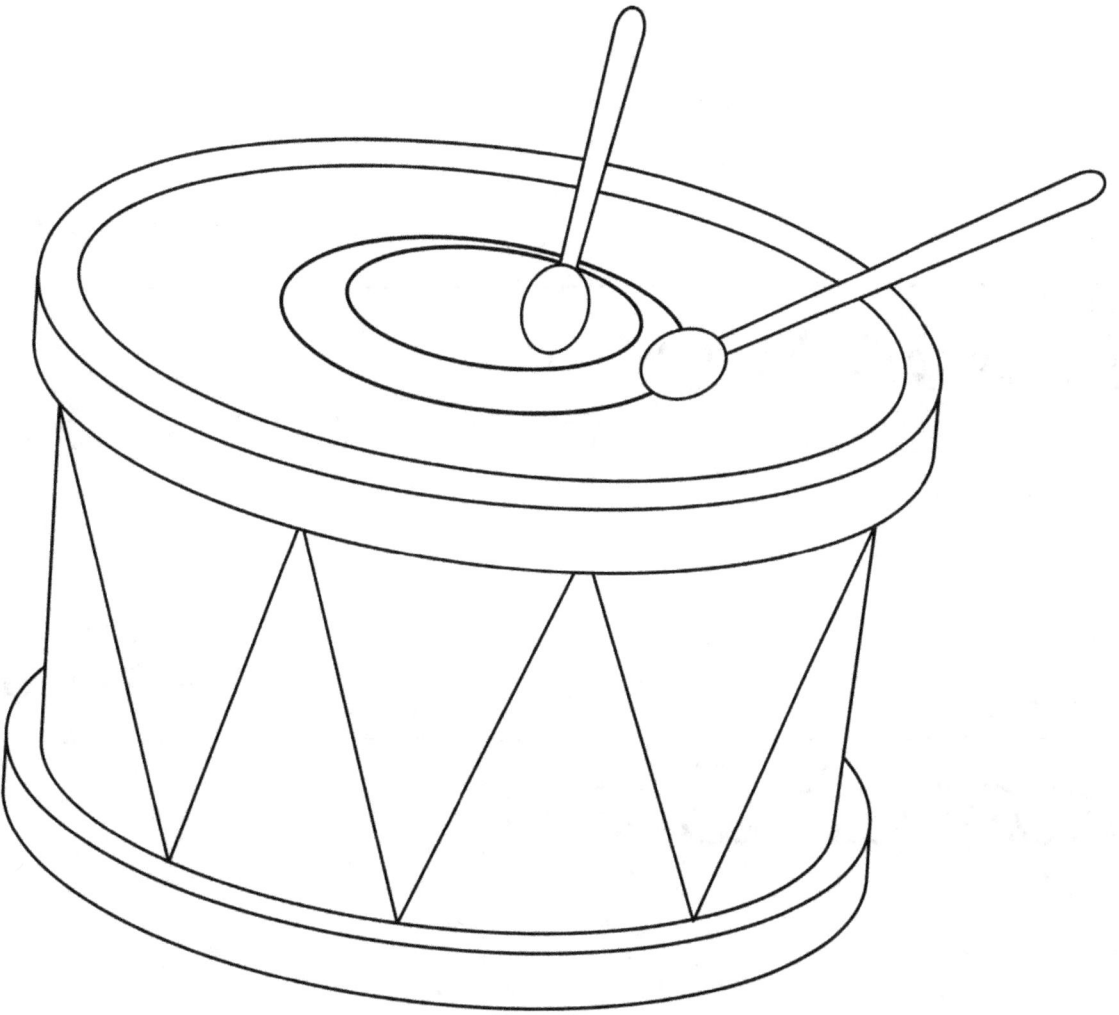

Tambor

Tambor

Milho

__íz

Cachorro

_er_o

Rosquinha

__squilla

Tambor

T_m_or

Caracol

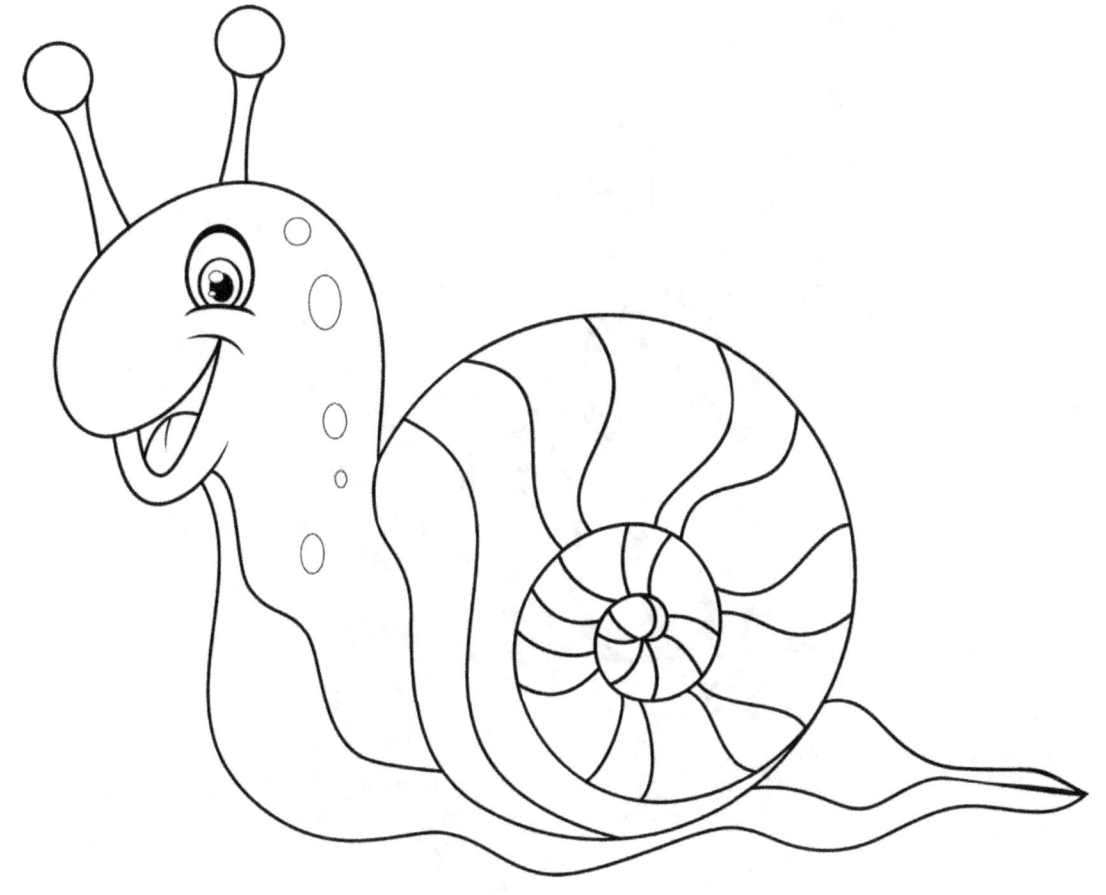

Caracol

Caracol

Zebra

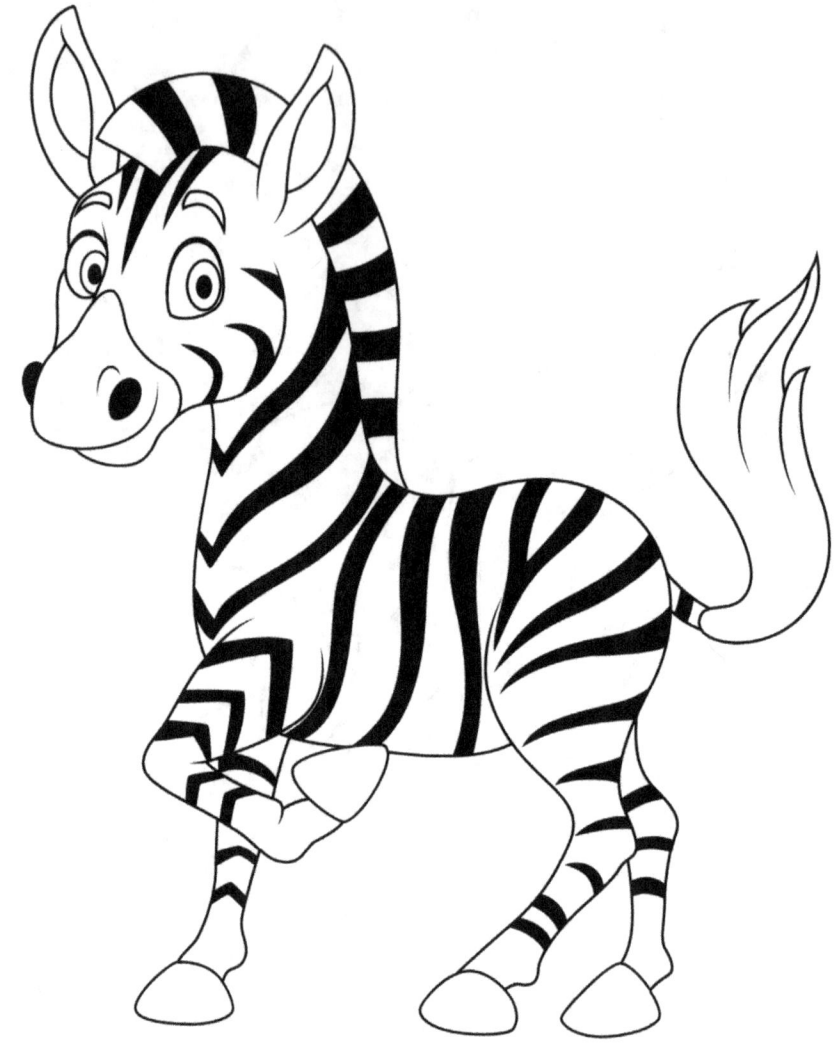

Cebra

Cebra

Elefante

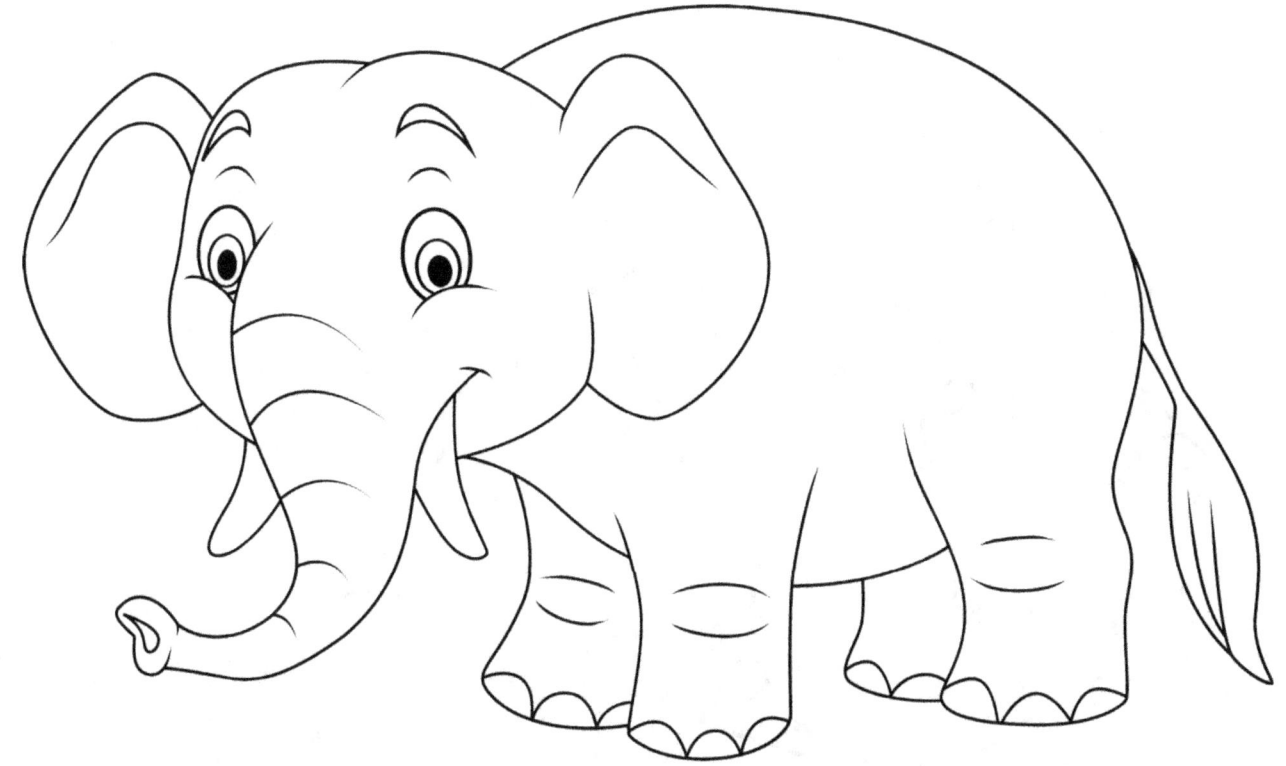

Elefante

Elefante
_____

_____

_____

Peixe

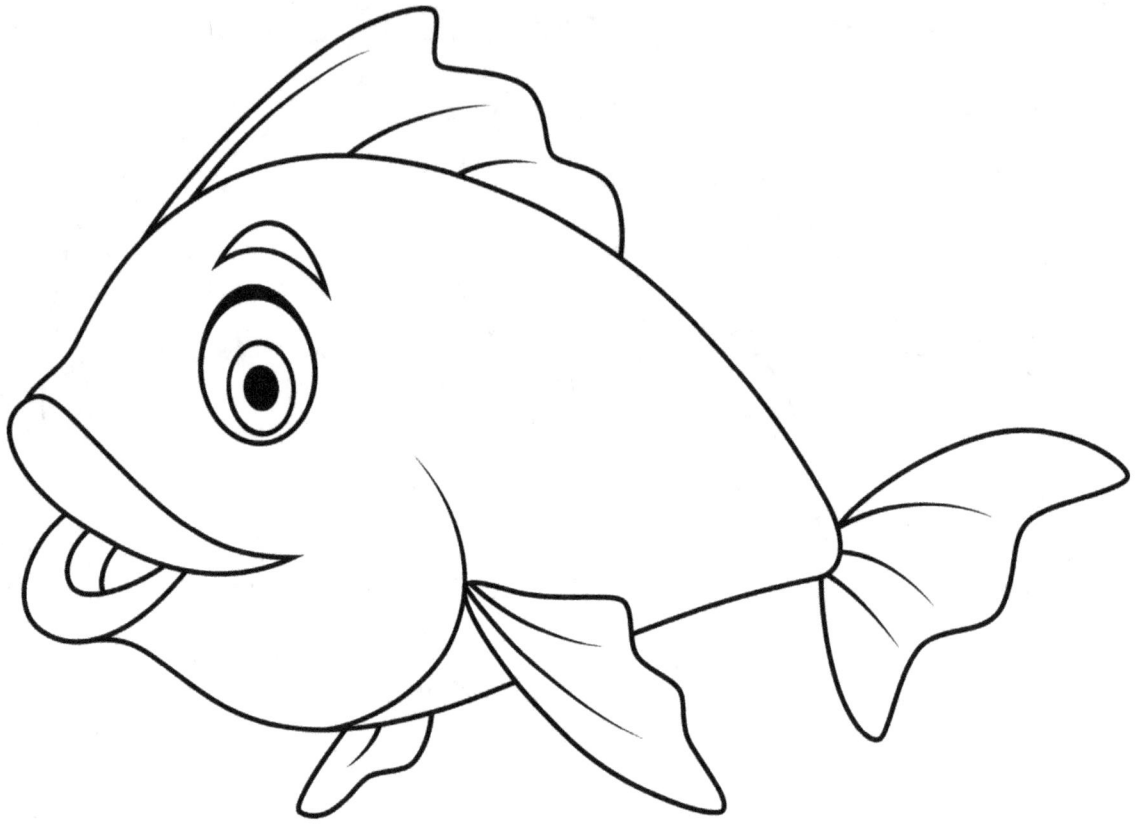

Pescado

Pescado
_____
_____
_____

Caracol

C_raco_

Zebra

C_b_a

Elefante

E_efant_

Peixe

Pe_c_do

Flor

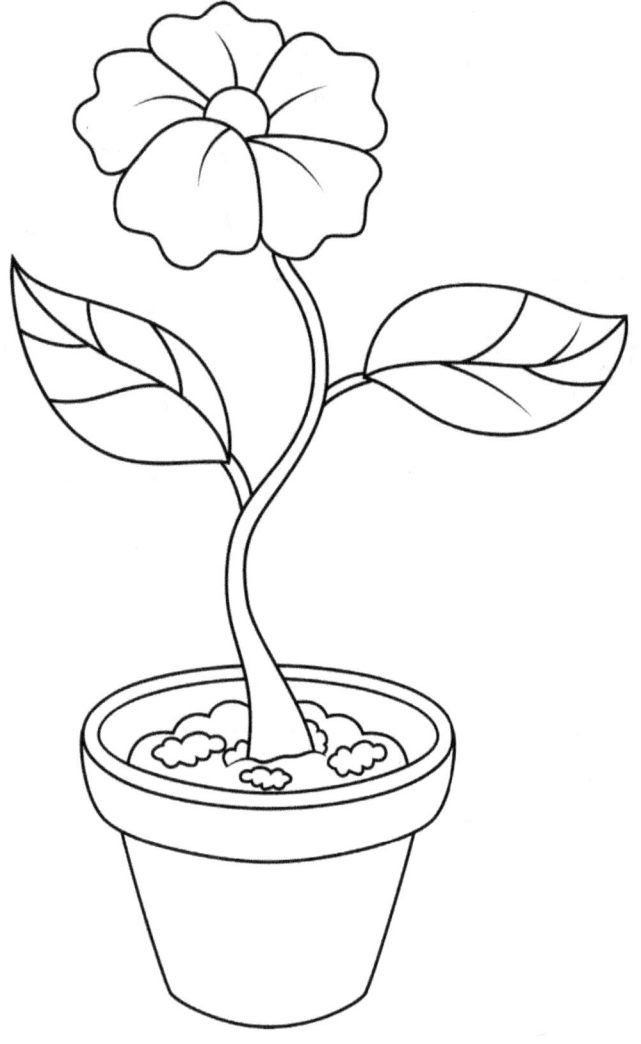

Flor

Flor
_____
_____
_____

Raposa

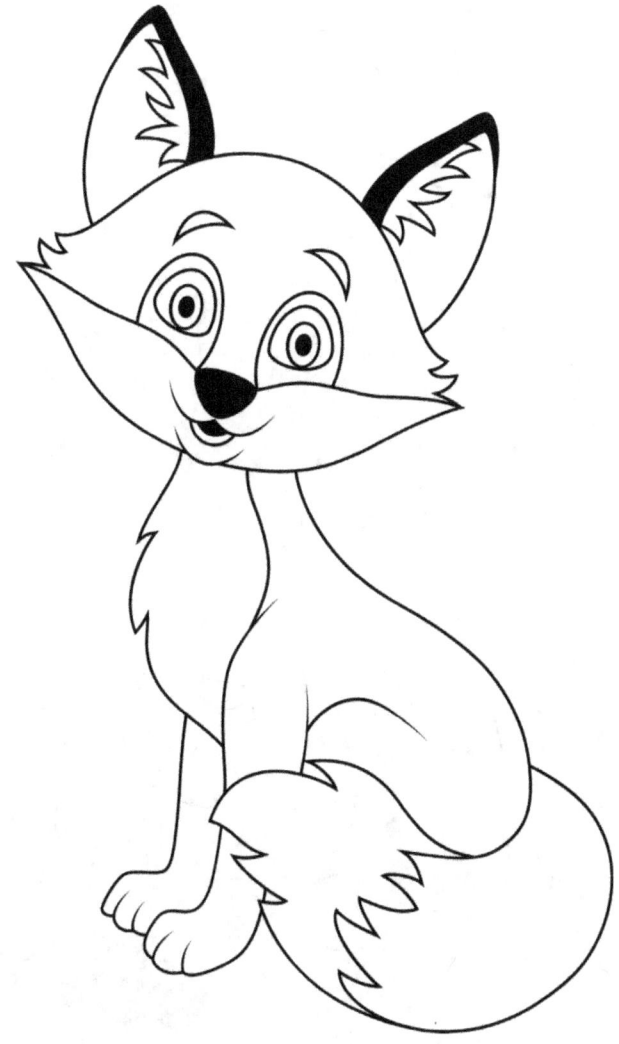

Zorro

Zorro
_____

_____
_____

Girafa

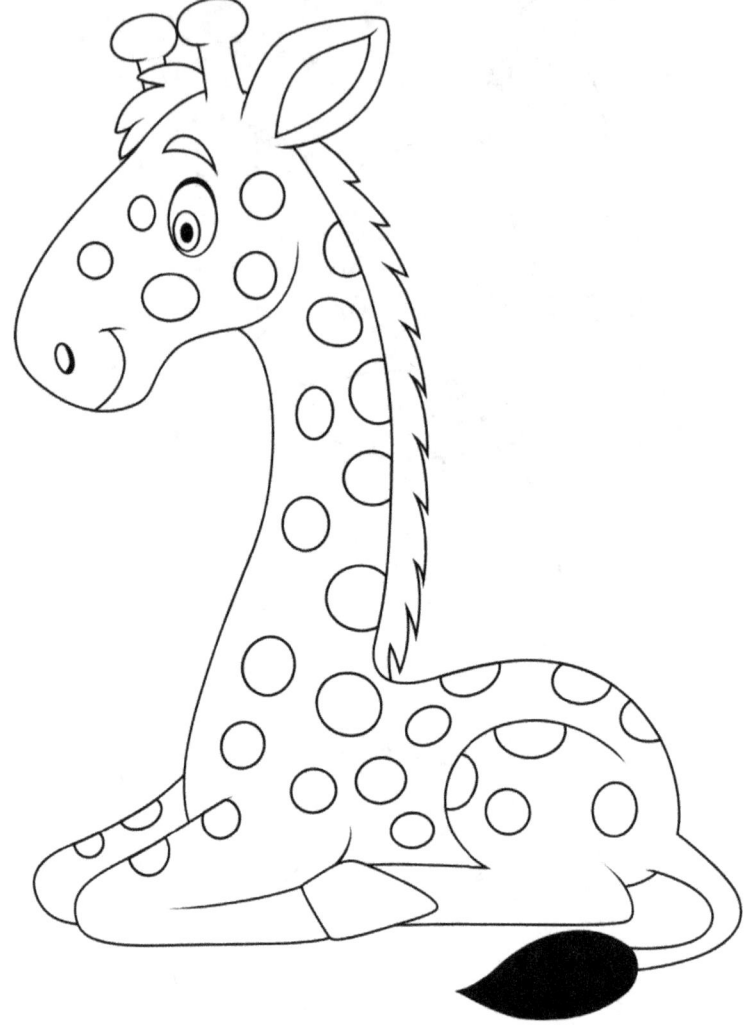

Jirafa

Jirafa

Óculos

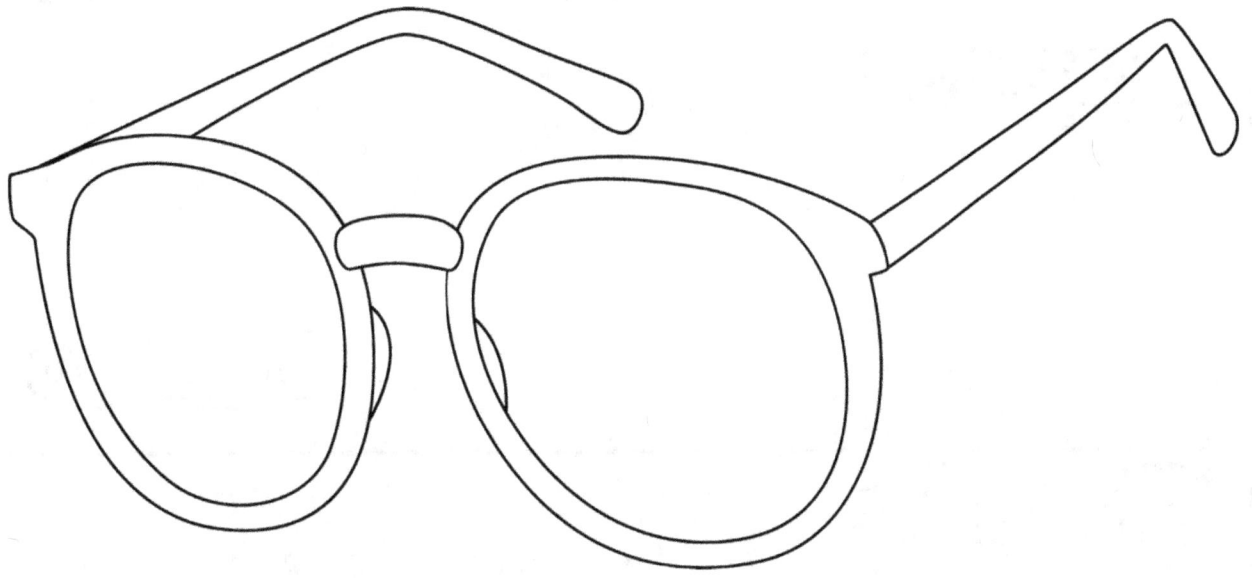

Gafas

Gafas
_____

_____

_____

Flor

_lor

Raposa

Z_r_o

Girafa

_i_afa

Óculos

G__as

Uva

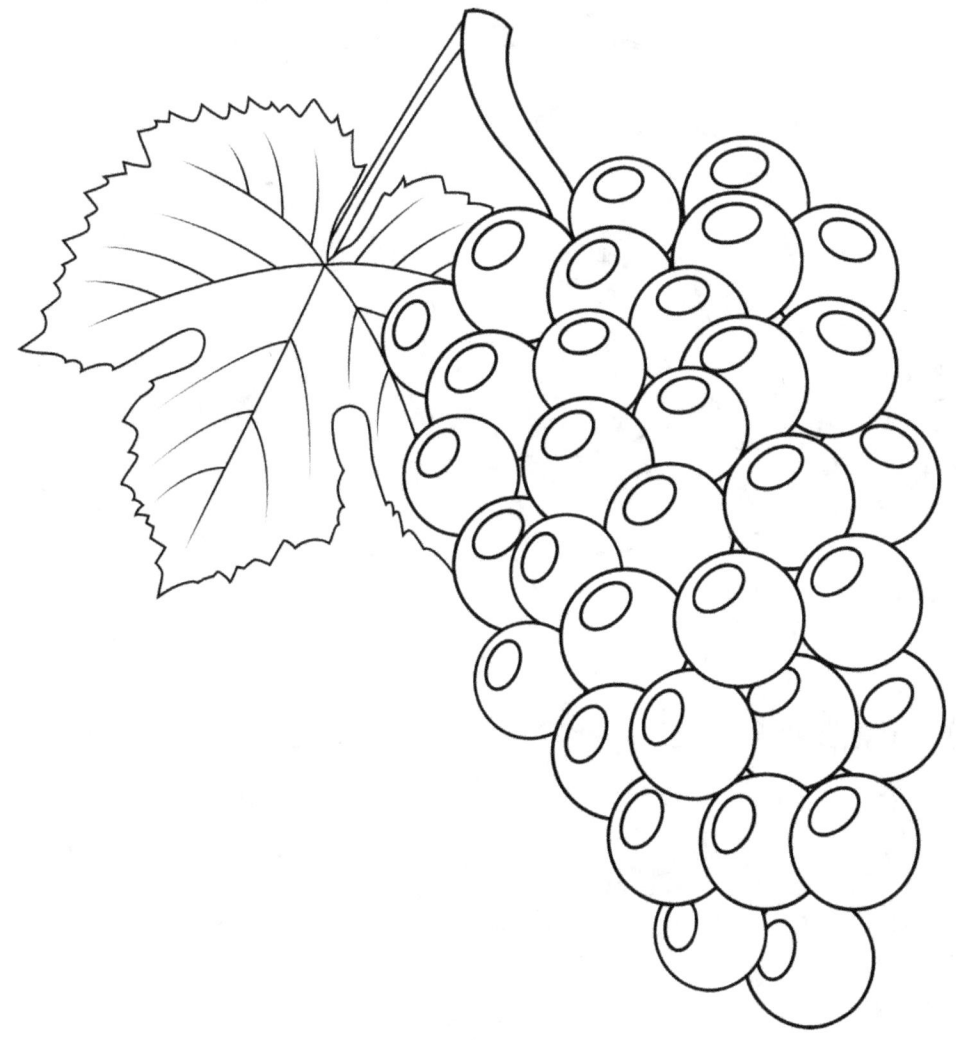

Uvas

Uvas
_____
_____
_____

Hambúrguer

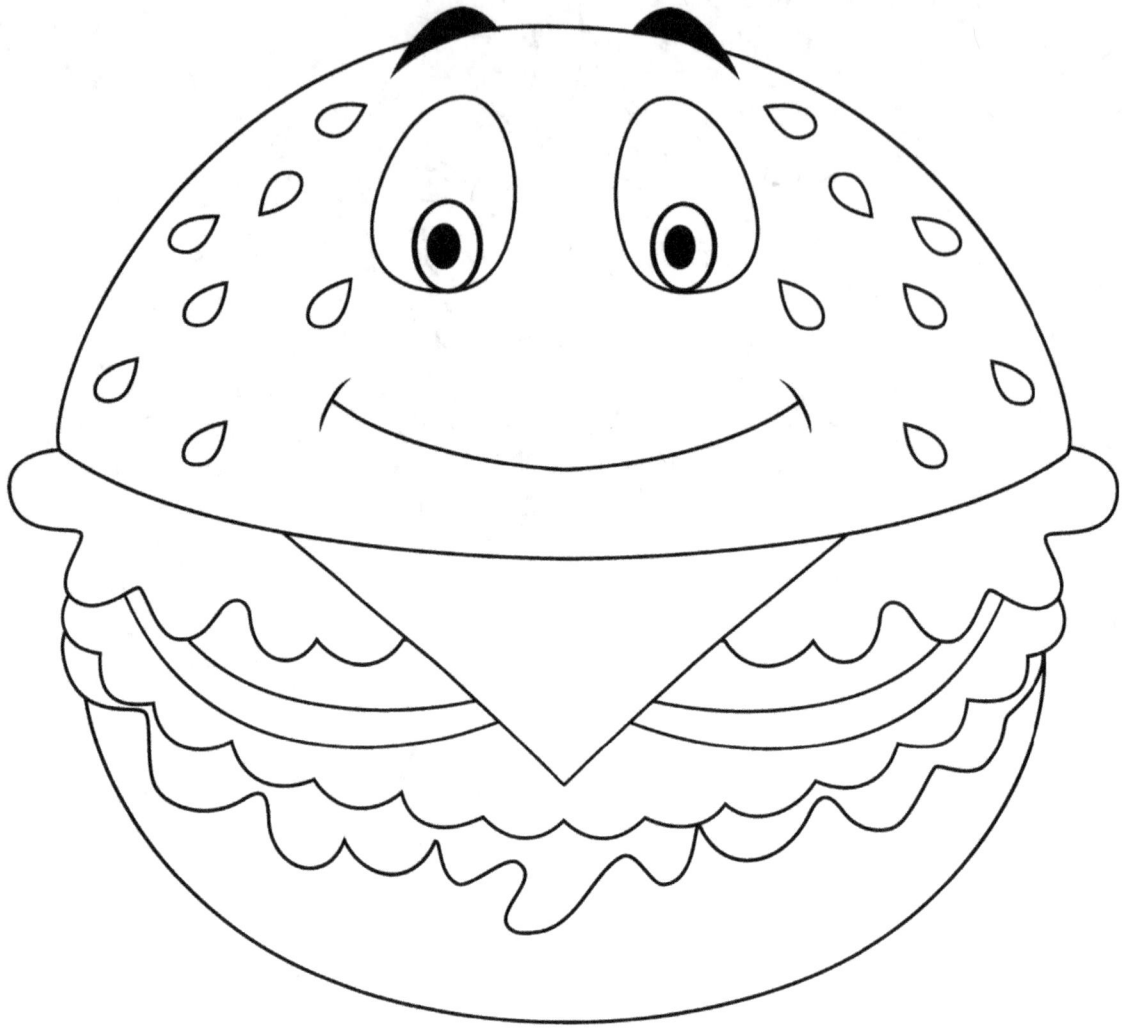

Hamburguesa

Hamburguesa

_____

_____

_____

Hipopótamo

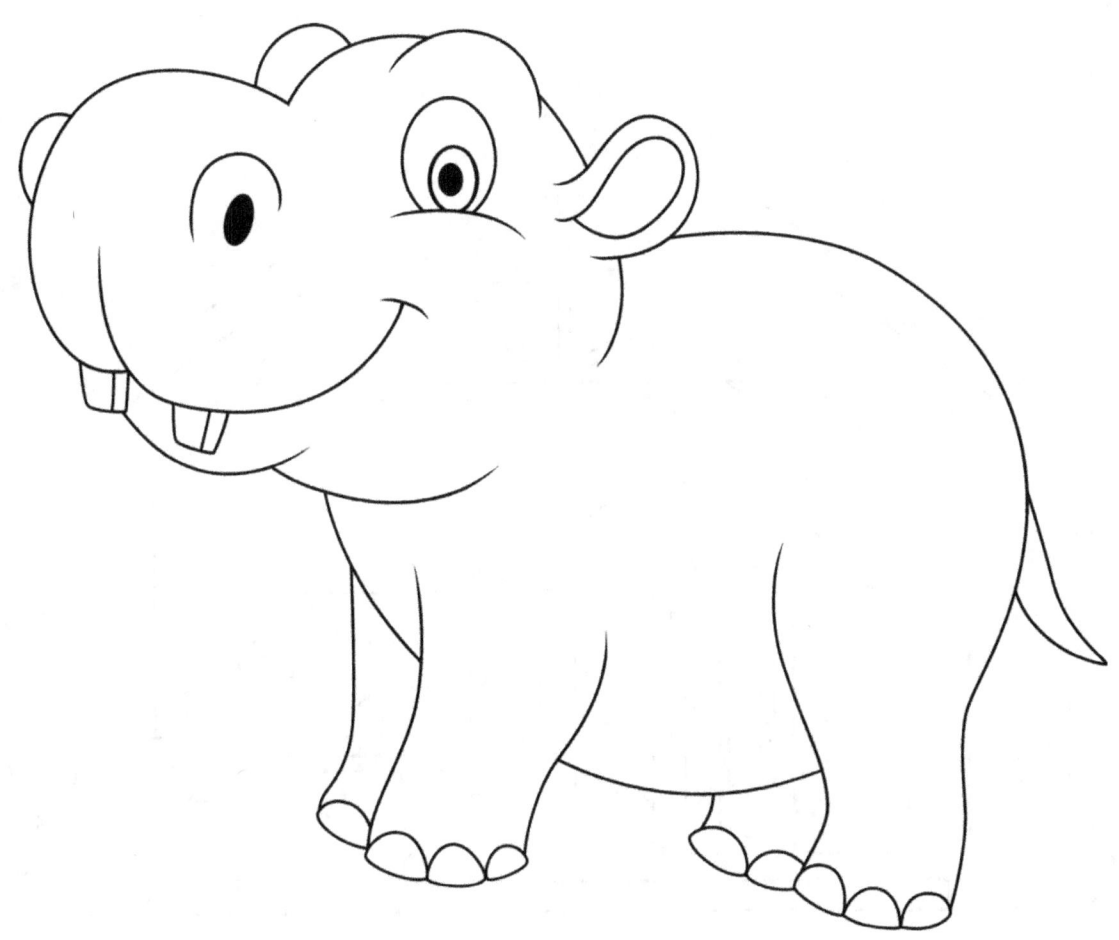

Hipopótamo

Hipopótamo

Casa

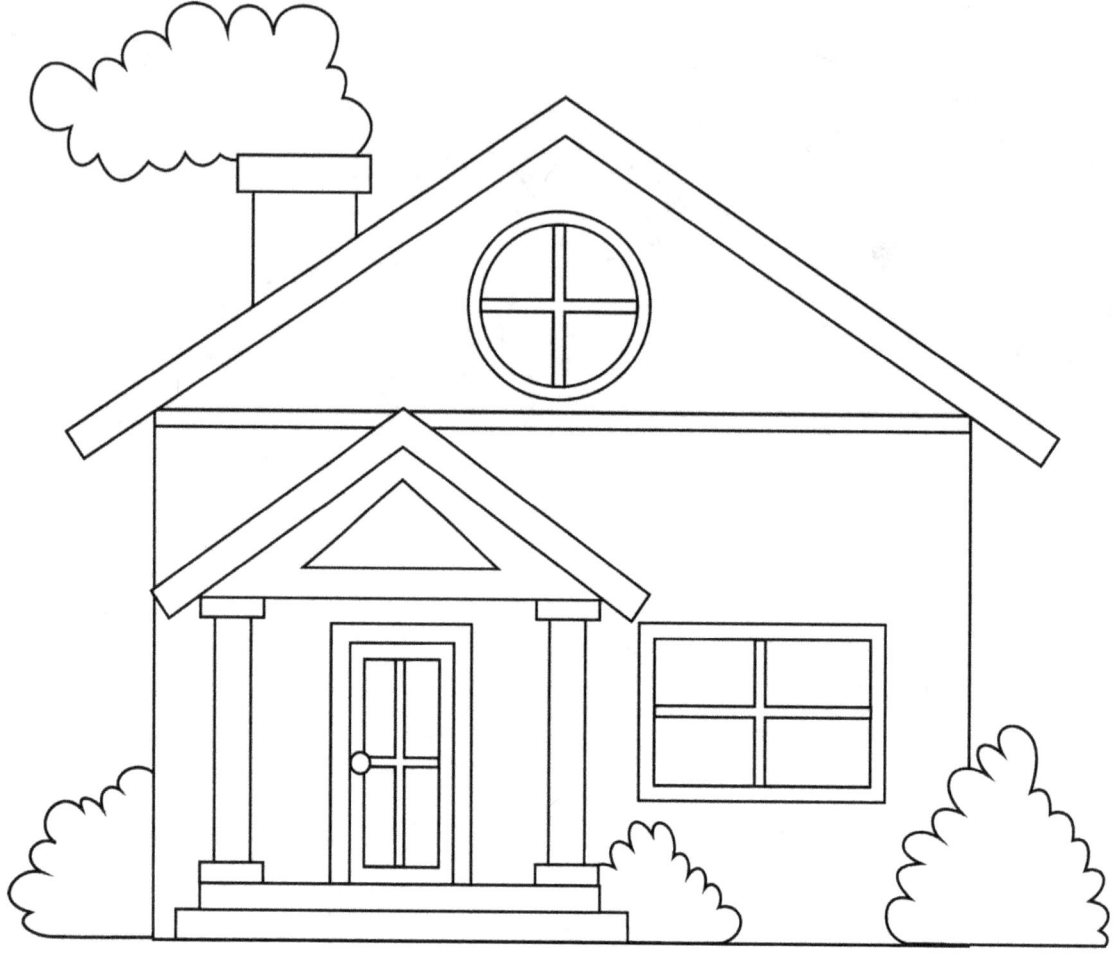

Casa

Casa
_____
_____
_____

Uva

U_a_

Hambúrguer

Ha_burgue_a

Hipopótamo

Hipopótam_

Casa

C_sa

Sorvete

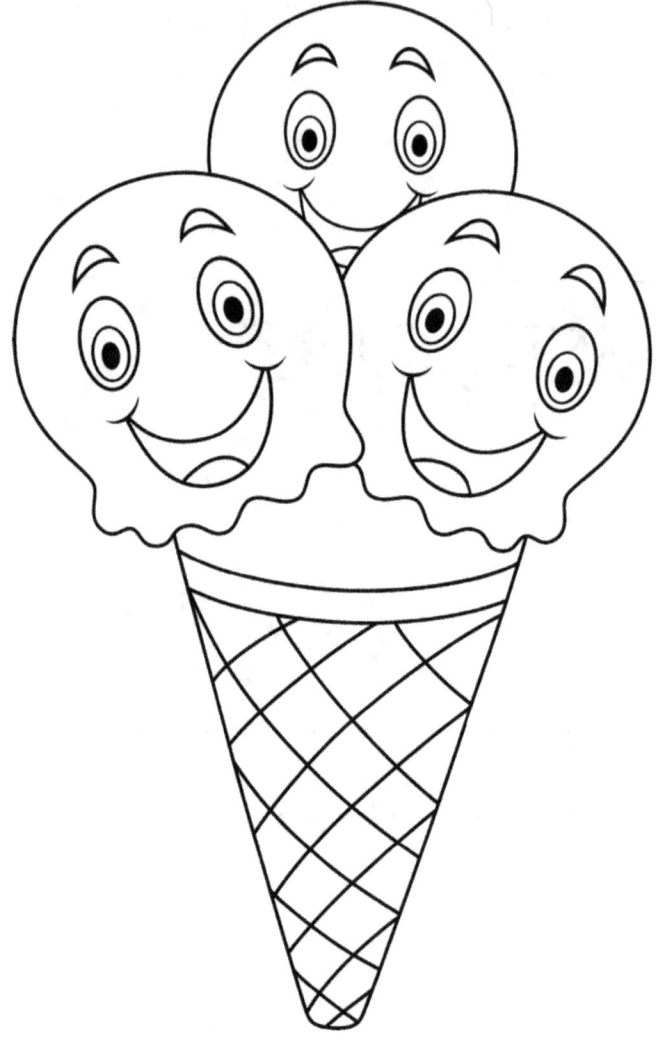

Helado

Helado

Iguana

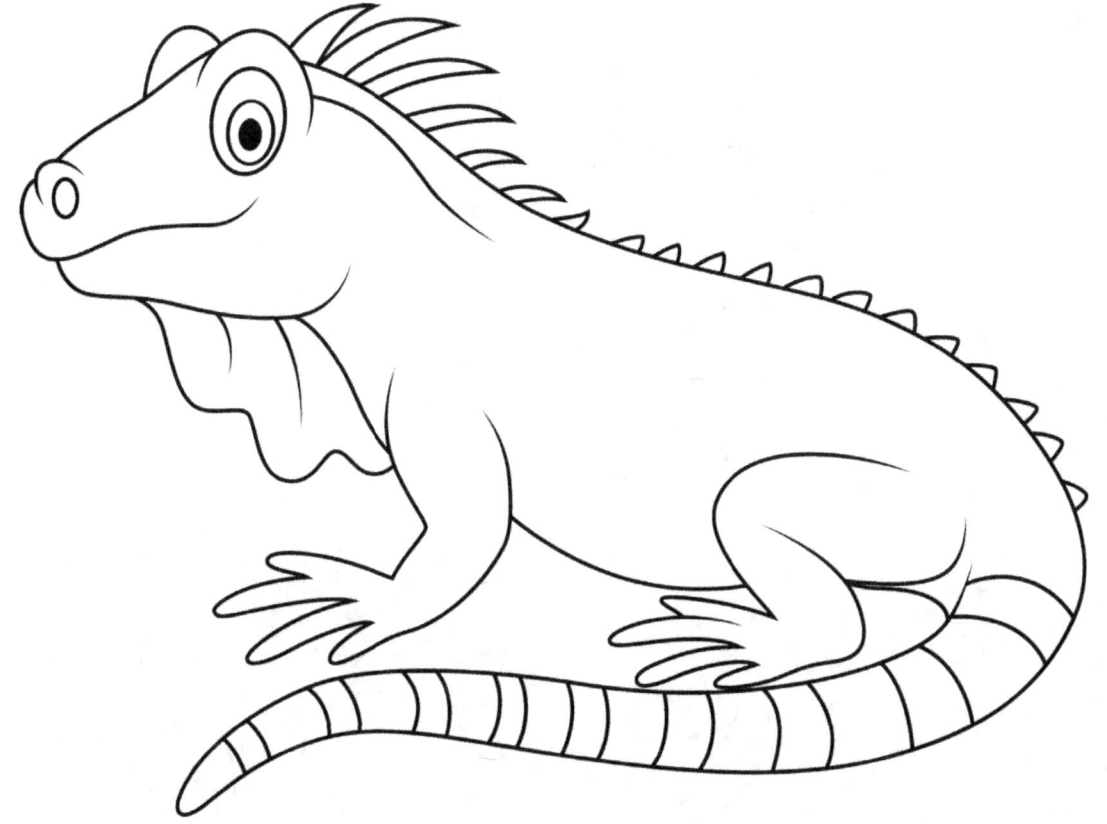

Iguana

Iguana
_____

_____
_____

Pato

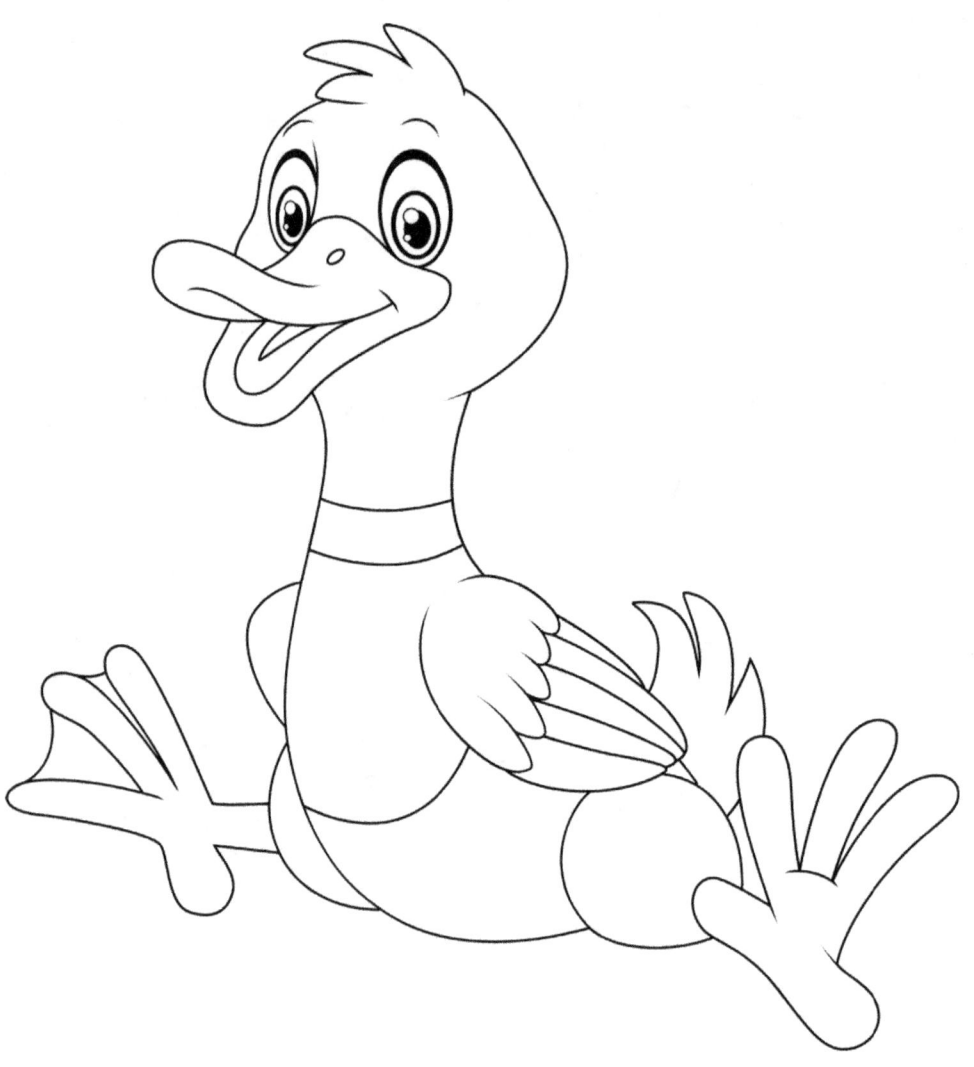

Pato

Pato
_____
_____
_____

Jaguar

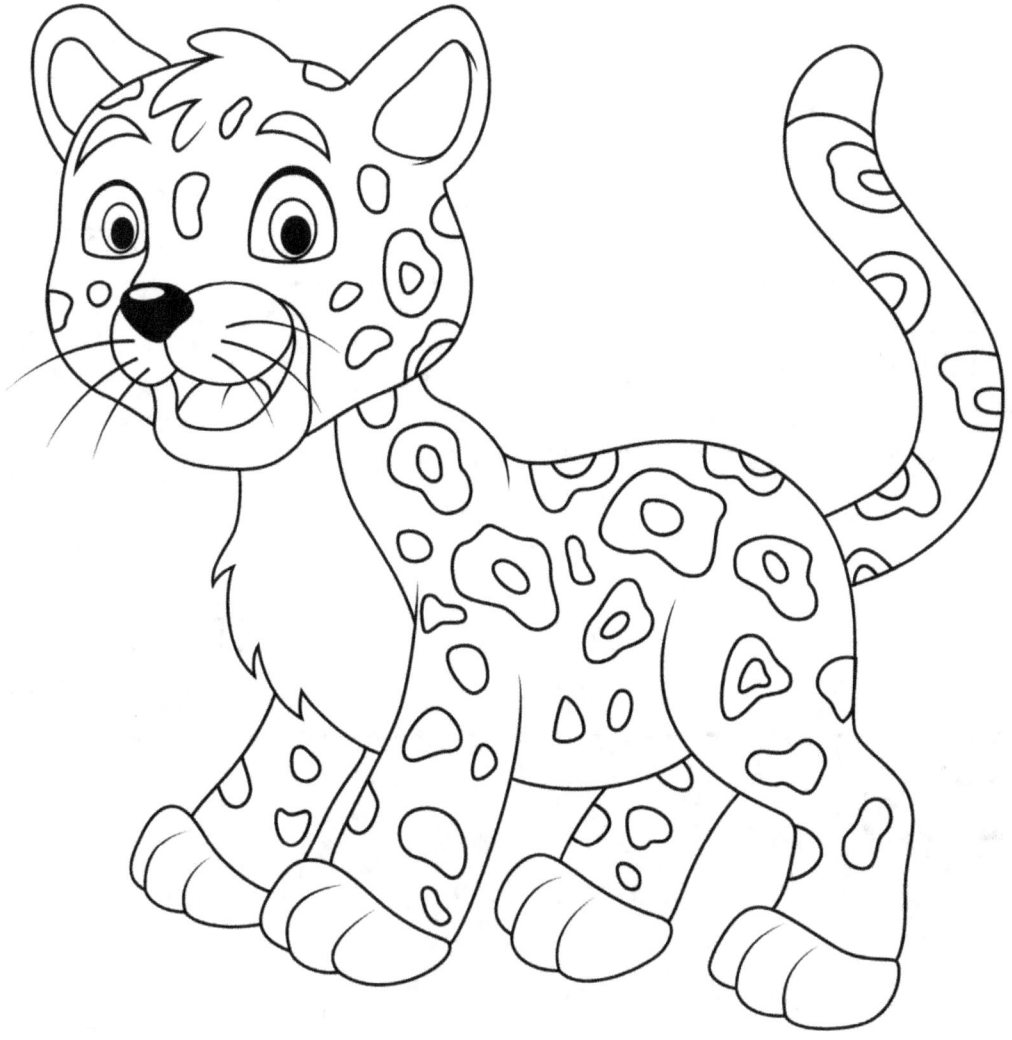

Jaguar

Jaguar
_____
_____
_____

Sorvete

_e_ado

Iguana

Igu__a

Pato

Pat_

Jaguar

J_g_ar

Geléia

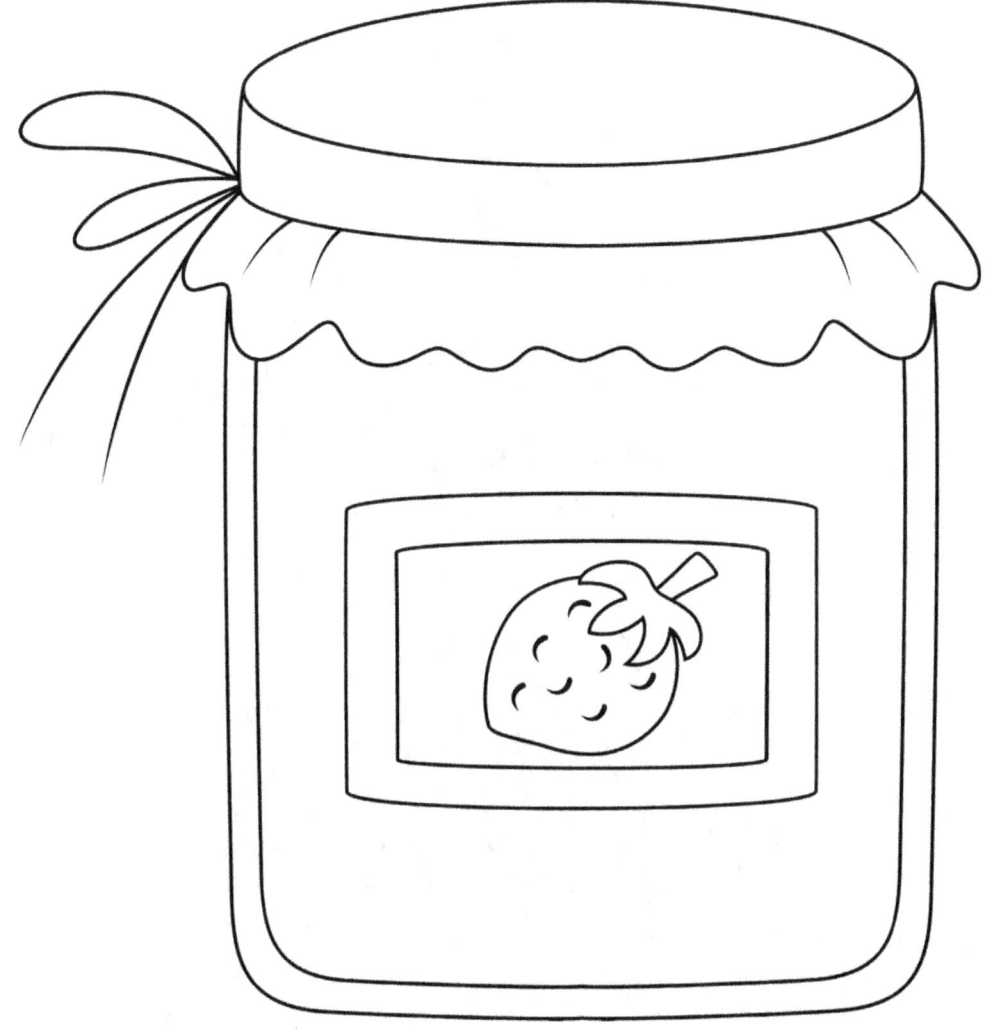

Mermelada

Mermelada
_____
_____
_____

Água-viva

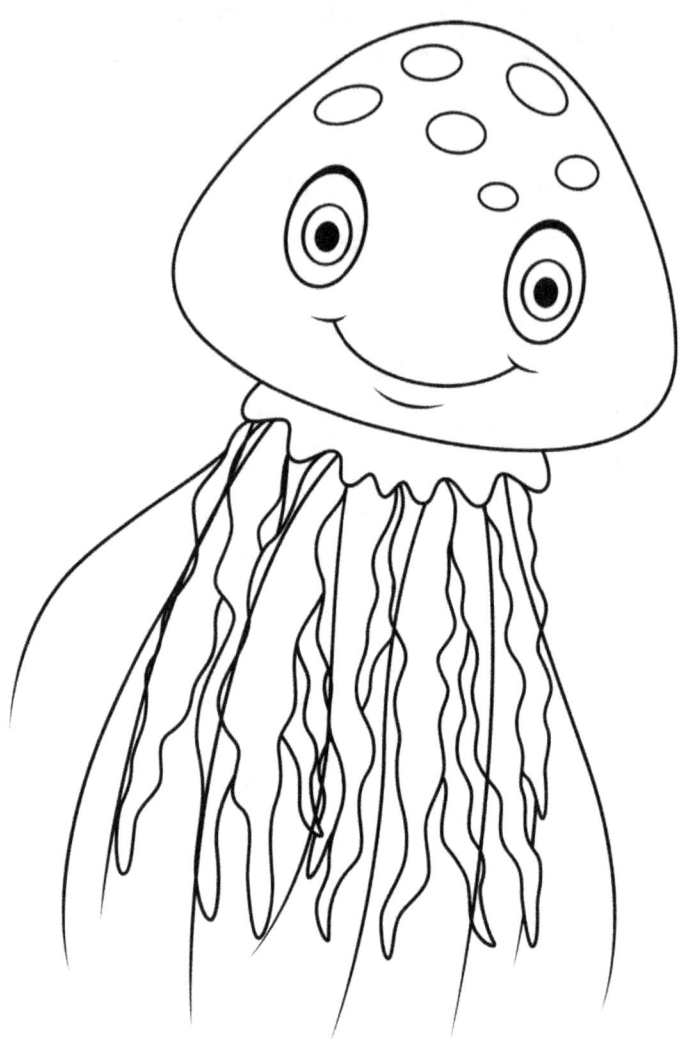

Medusa

Medusa
_____

_____

_____

Zepelim

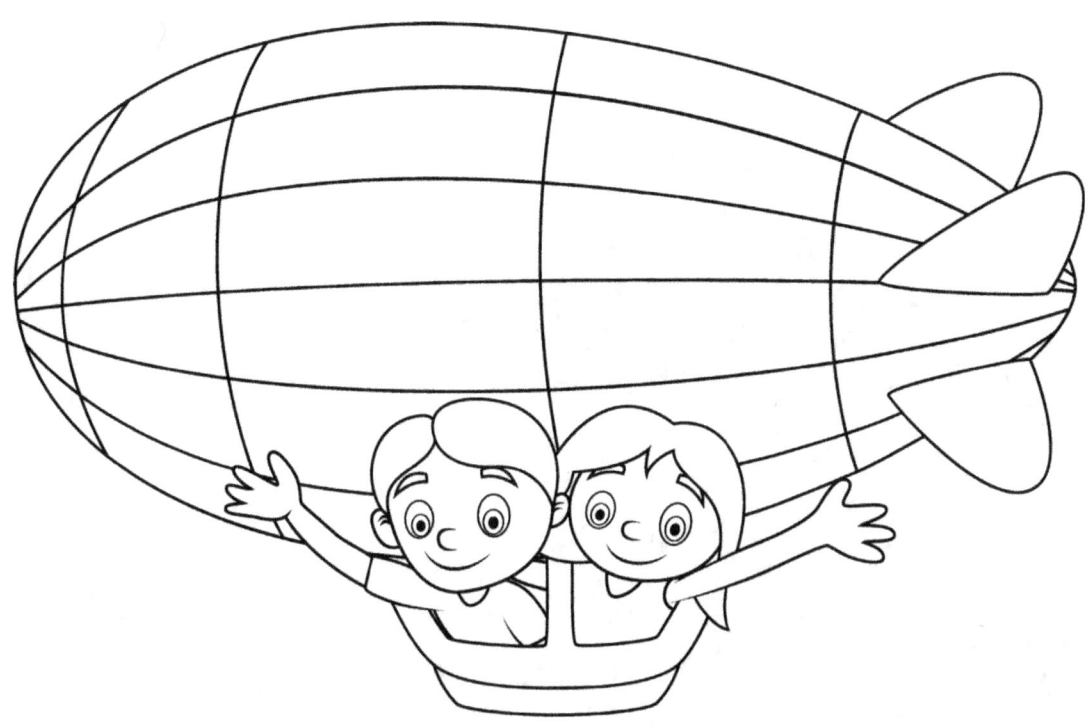

Dirigible

Dirigible

Kiwi

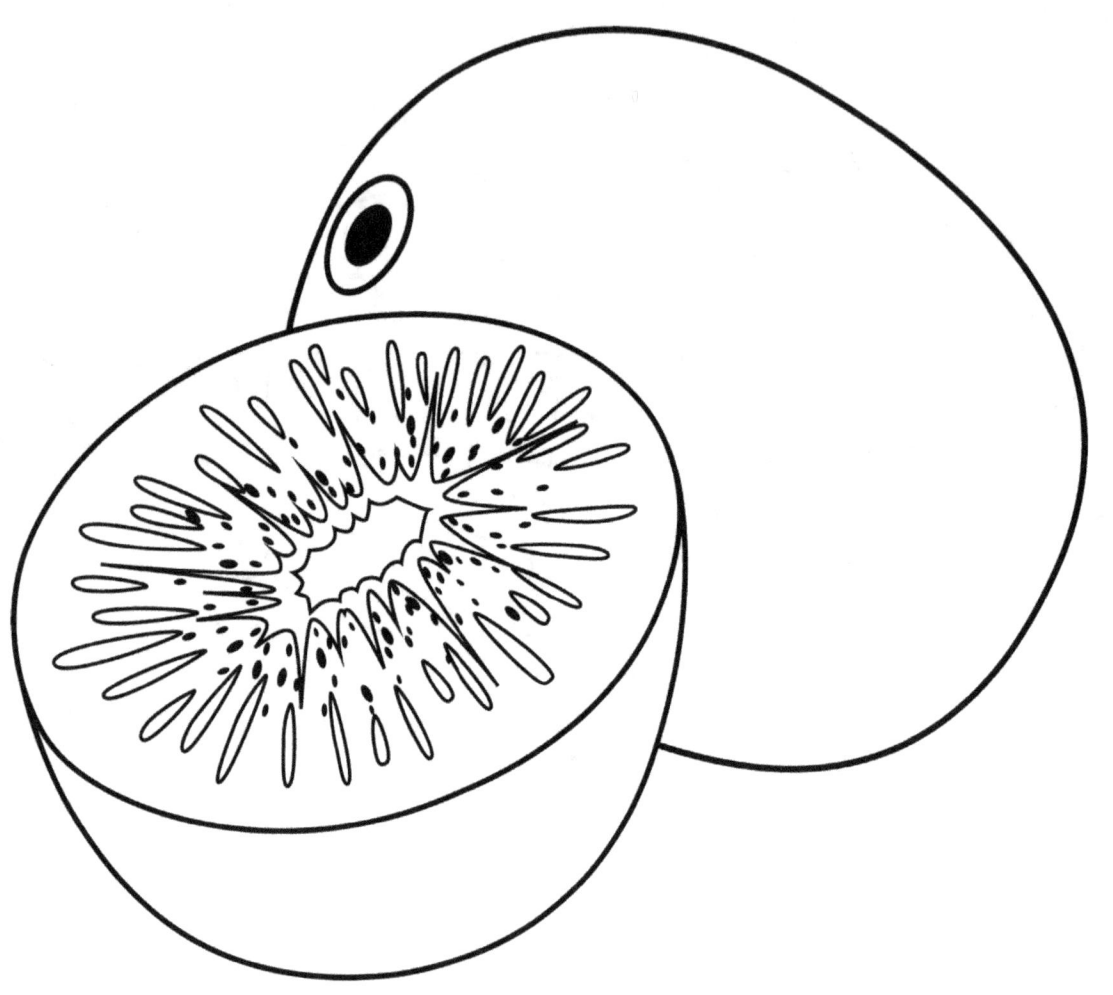

Kiwi

Kiwi

Geléia

Merm_l_da

Água-viva

_edu_a

Zepelim

Di_ig_ble

Kiwi

Ki__

Morango

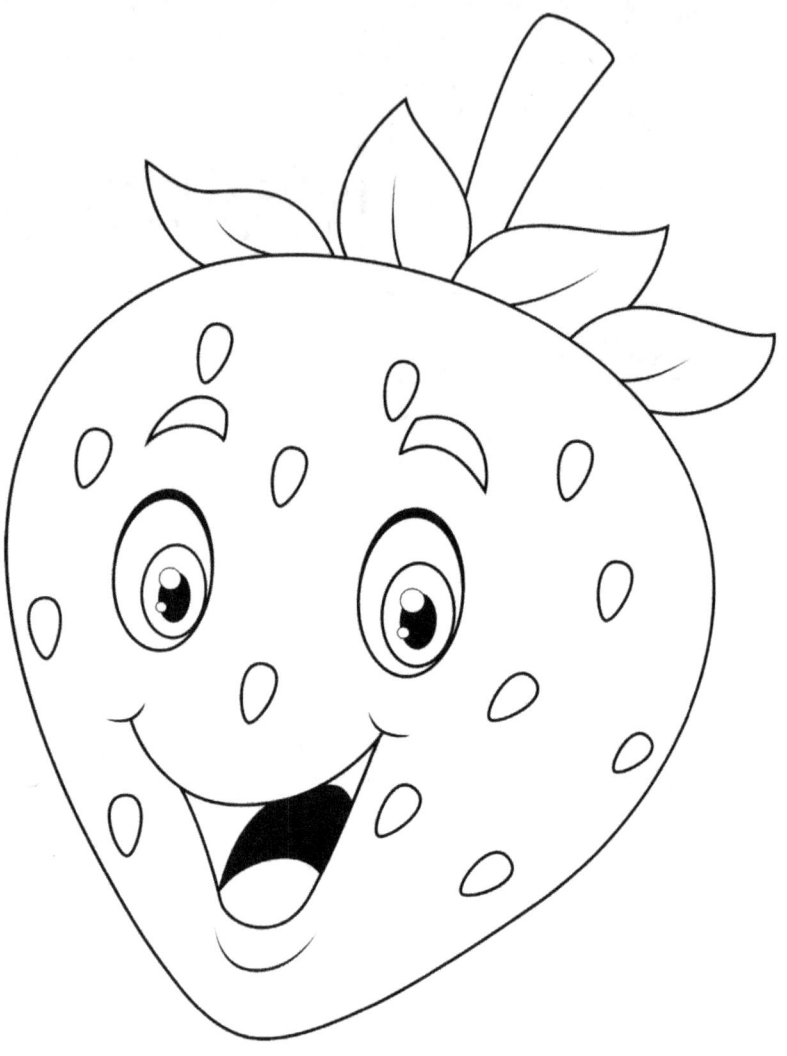

Fresa

Fresa

Folhas

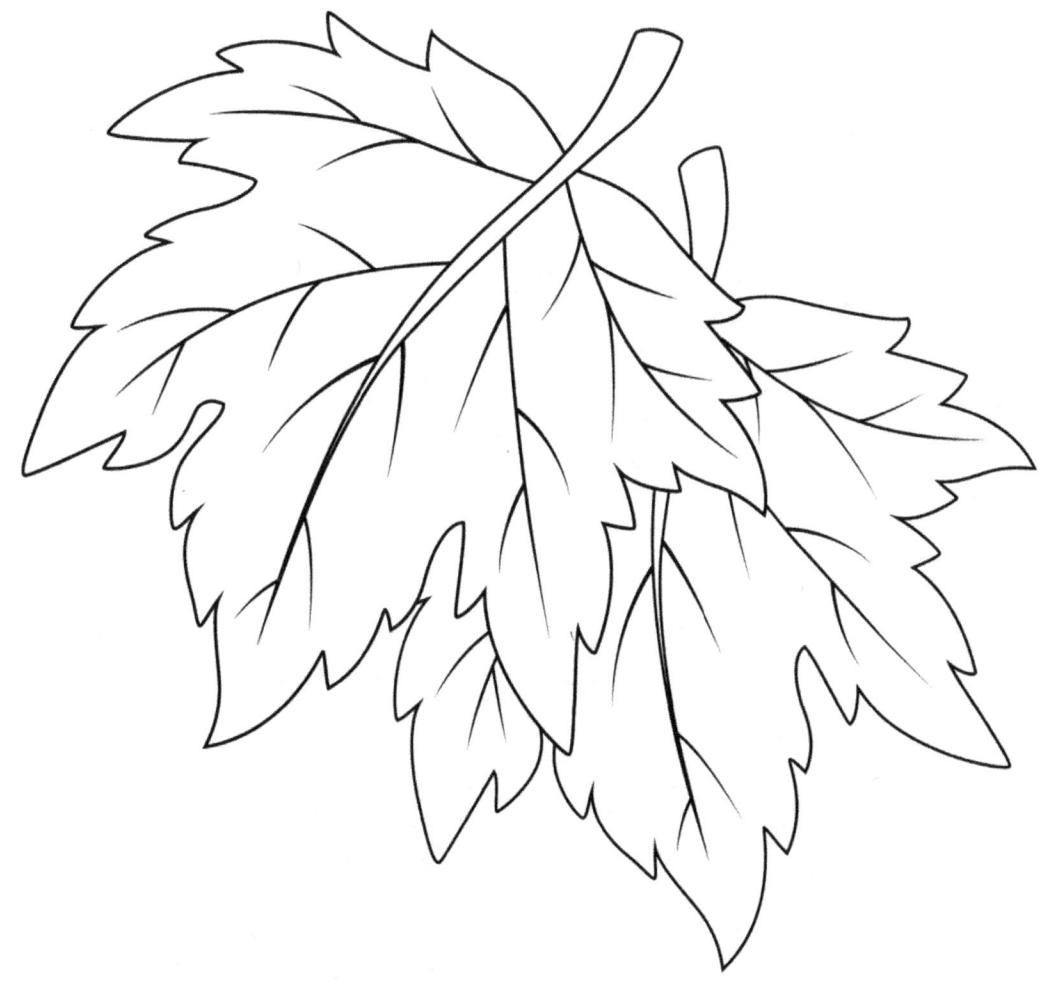

Hojas

Hojas
_____
_____

Lâmpada

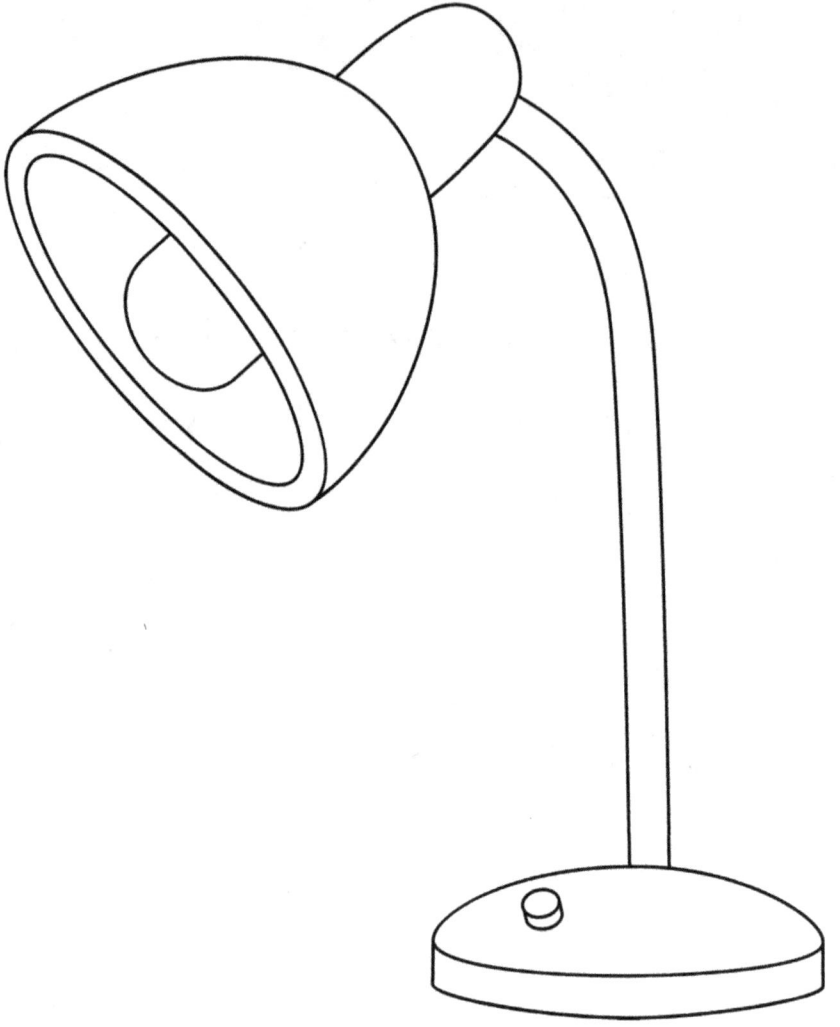

Luces

Luces

Leão

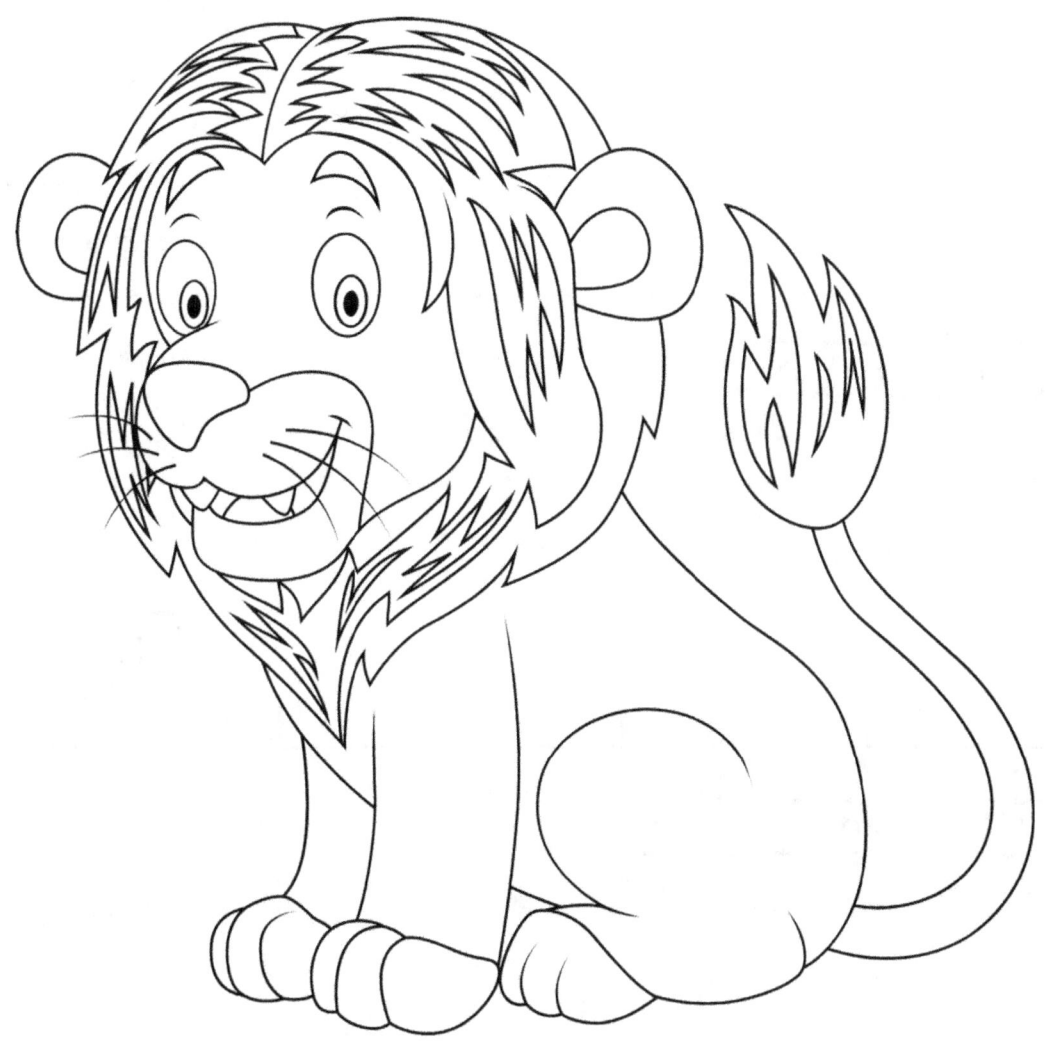

León

León

Morango

__esa

Folhas

H_j_s

Lâmpada

_u_es

Leão

Le__

Macaco

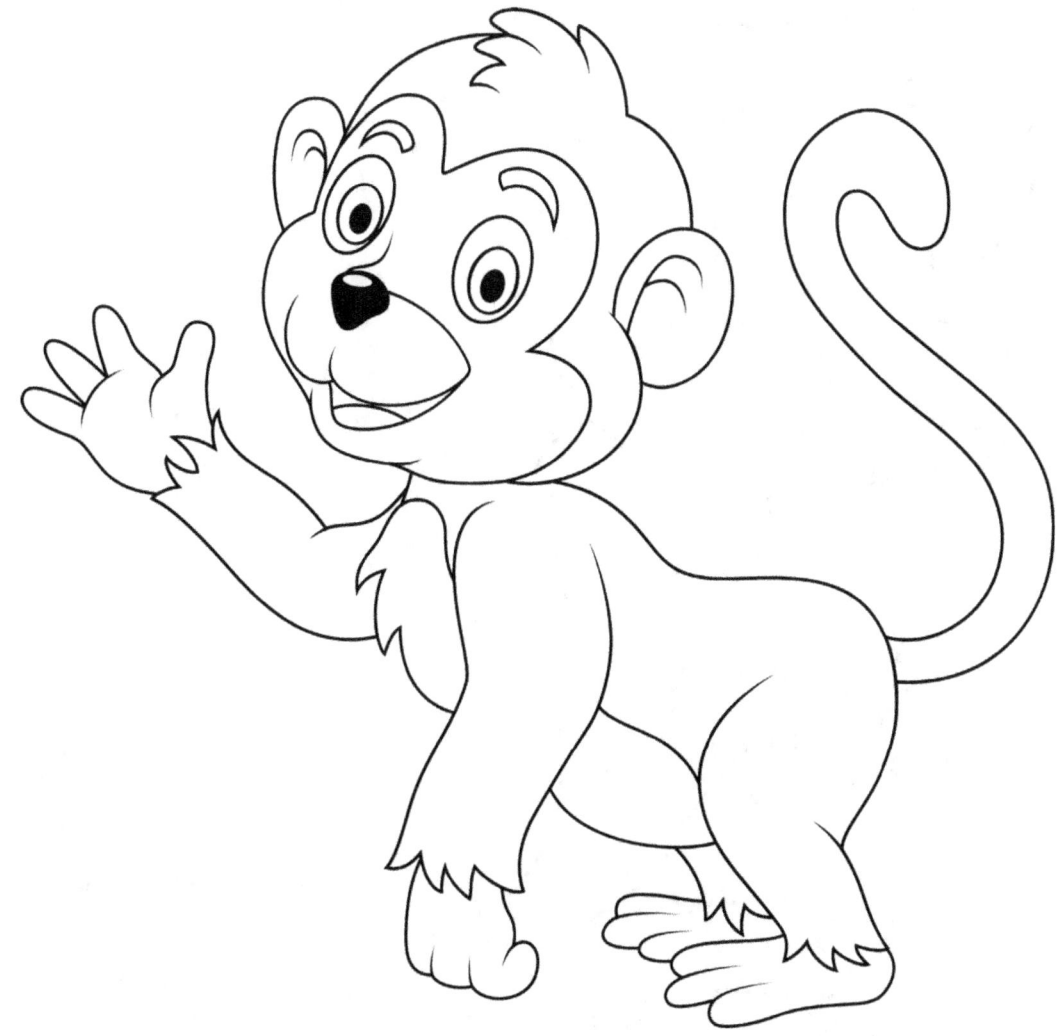

Mono

Mono
_____
_____

Rato

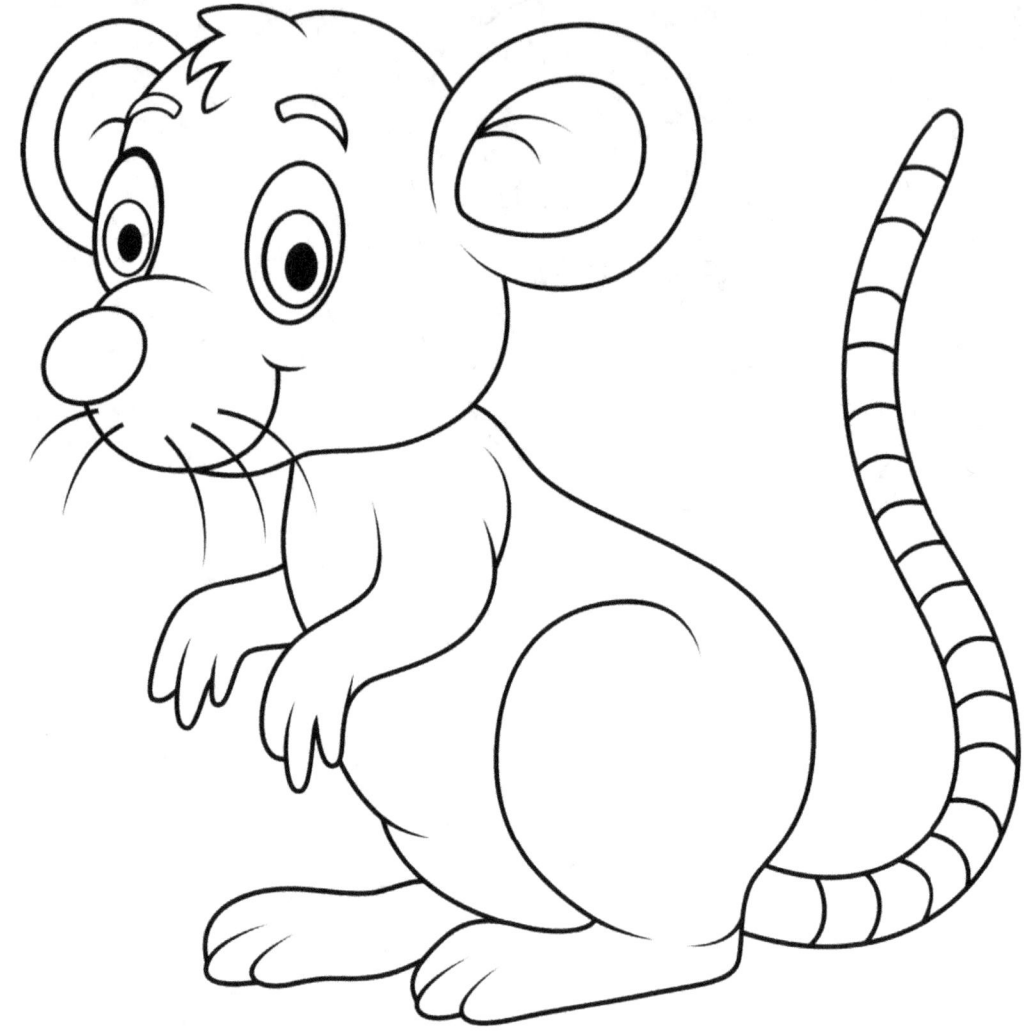

Ratón

Ratón

Mata-moscas

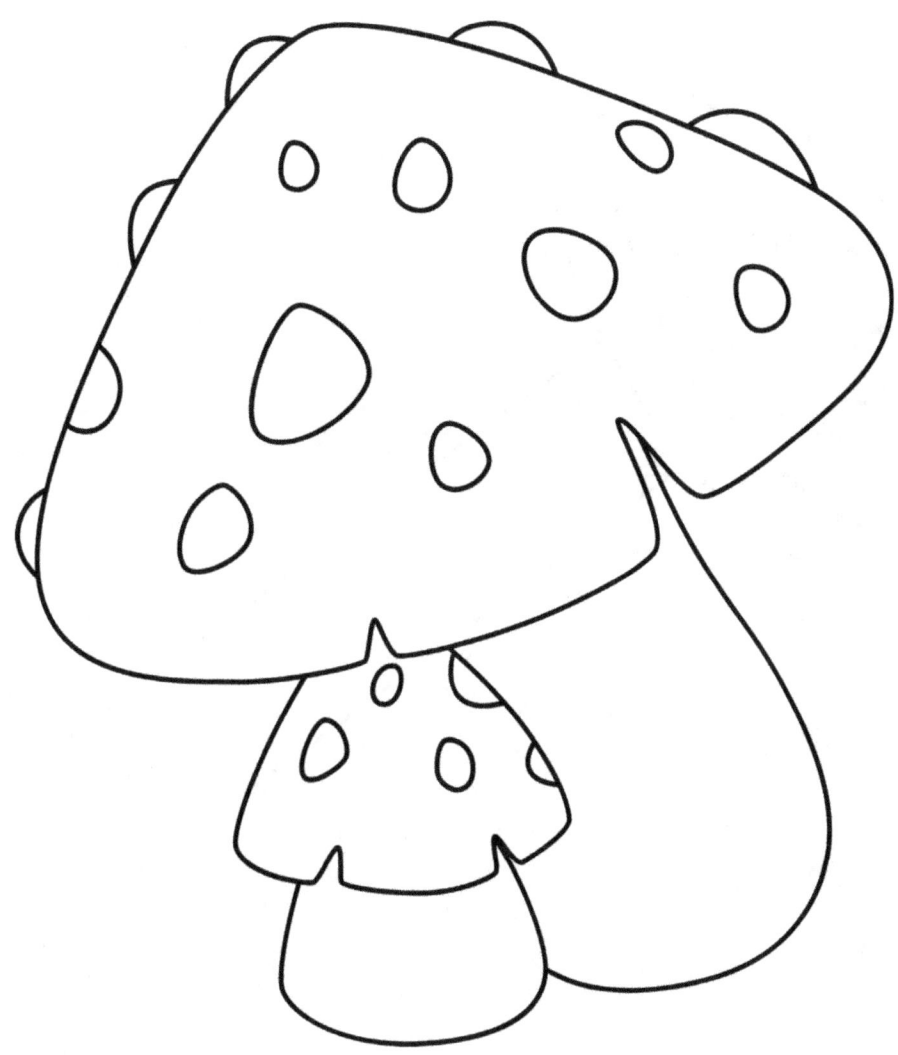

Seta matamoscas

Seta matamoscas
_____
_____
_____

Prego

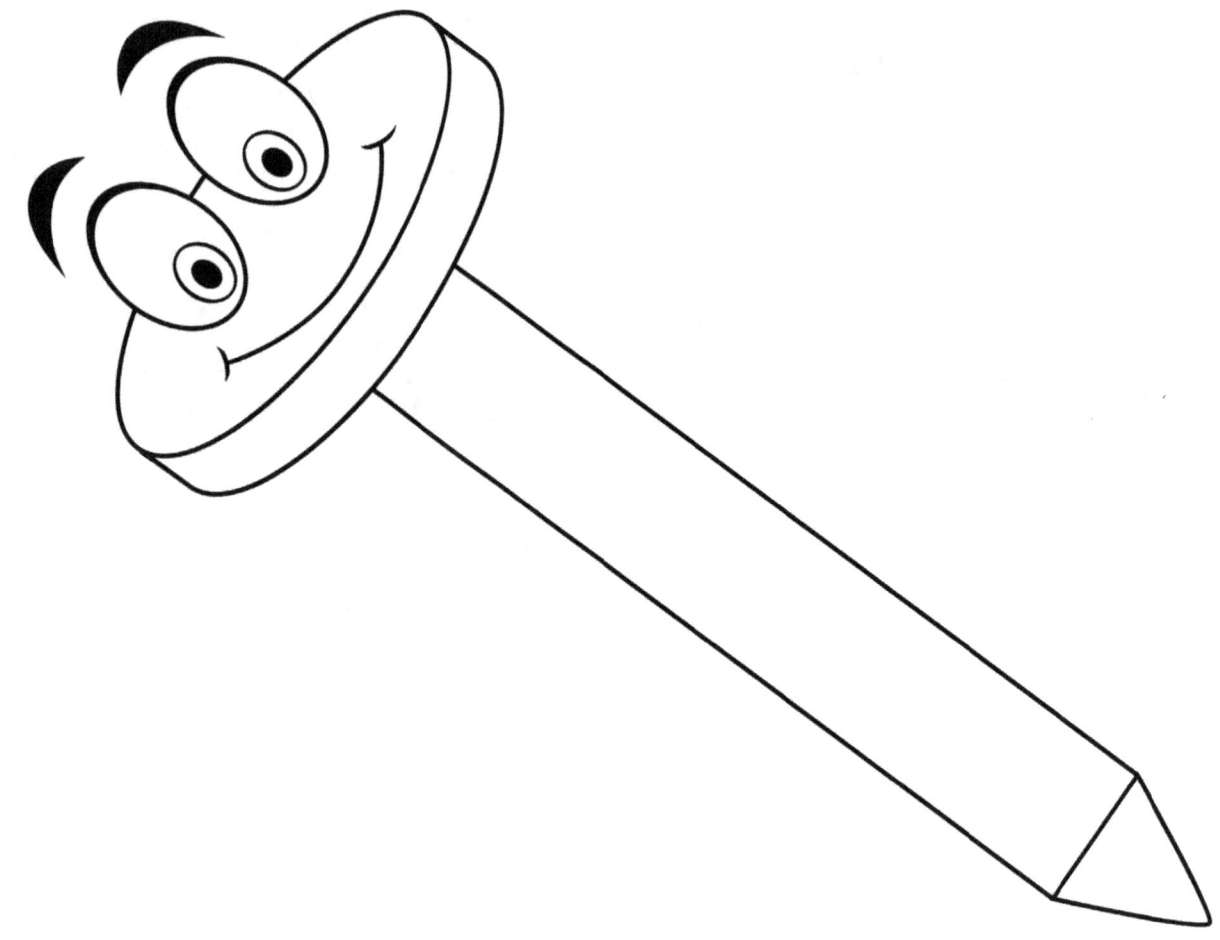

Clavo

Clavo

Macaco

_on_

Rato

ató

Mata-moscas

S_ta matamo_cas

Prego

C_avo

Cavalo

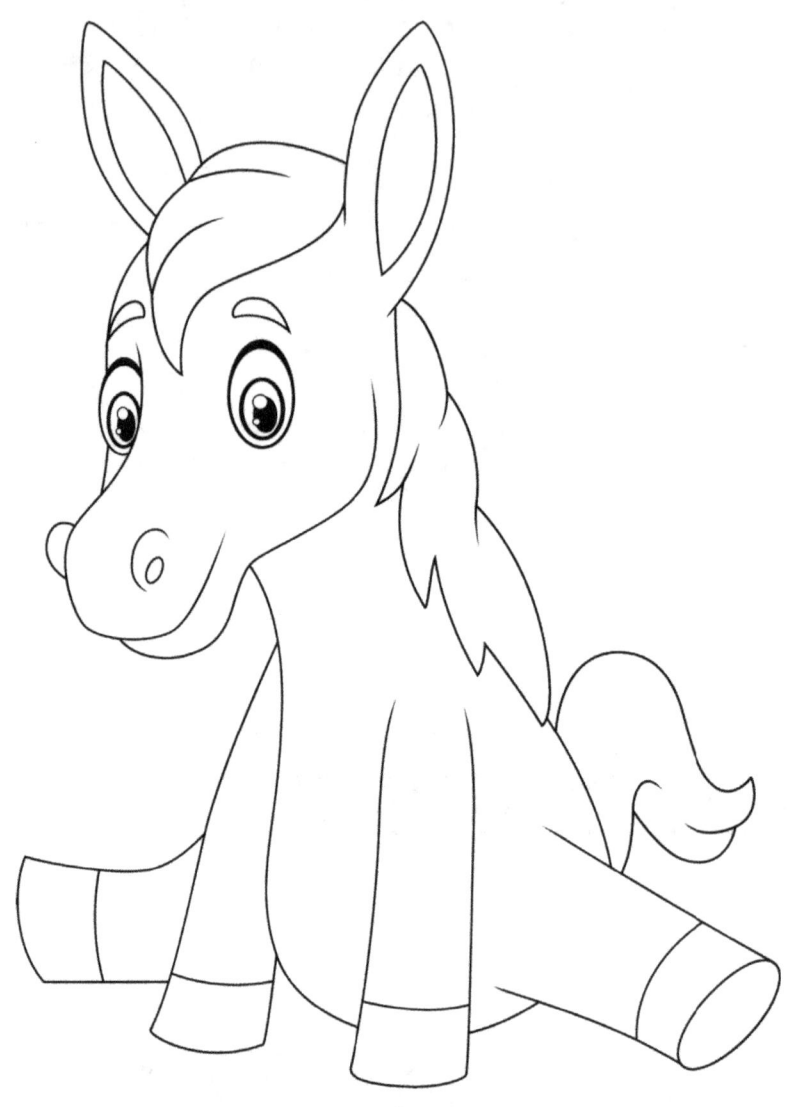

Caballo

Caballo

Noz

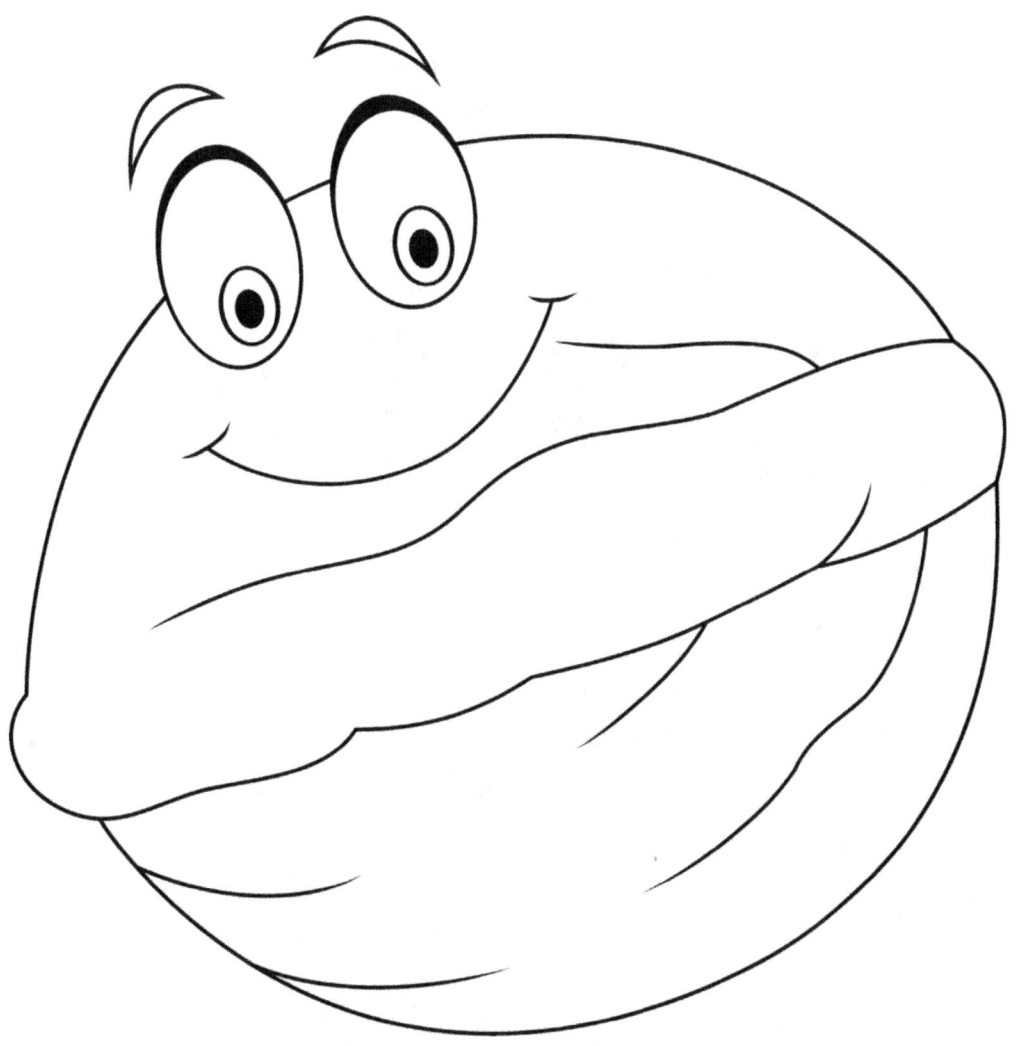

Nuez

Nuez

Polvo

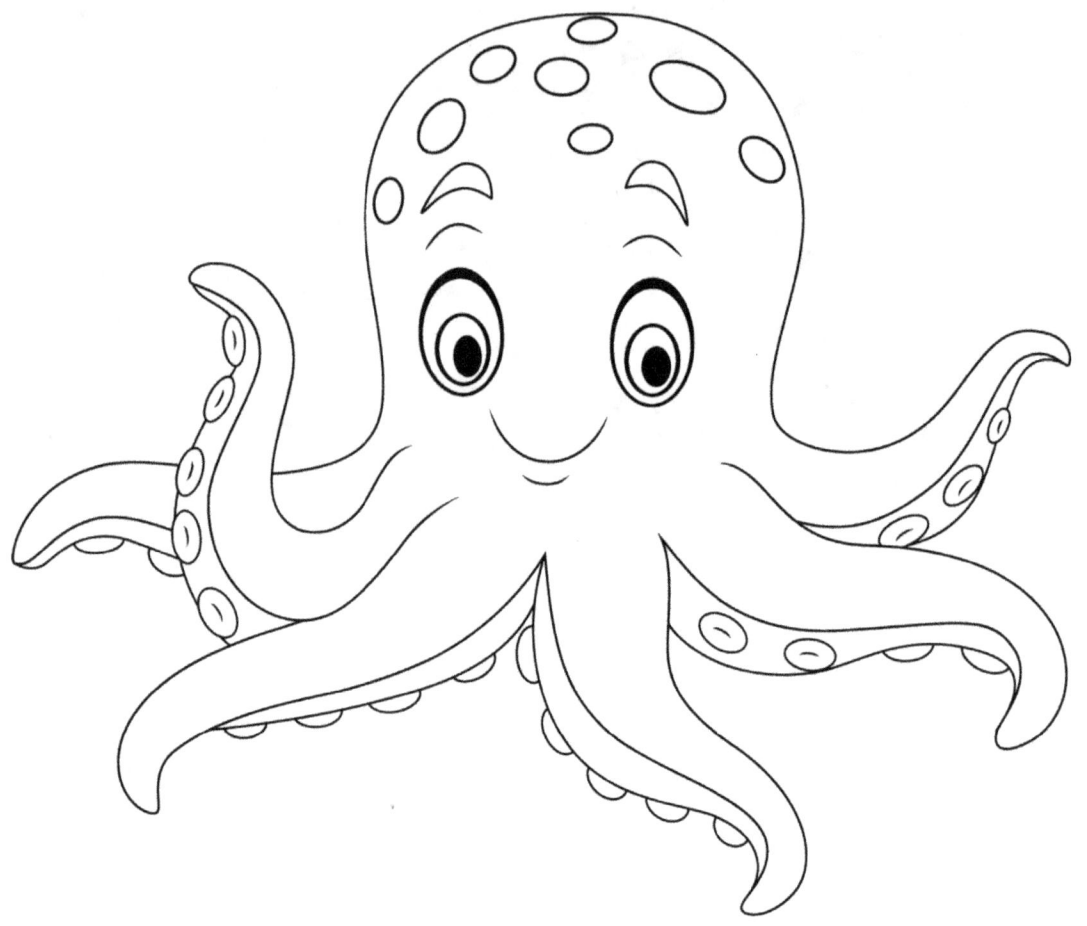

Pulpo

Pulpo

Laranja

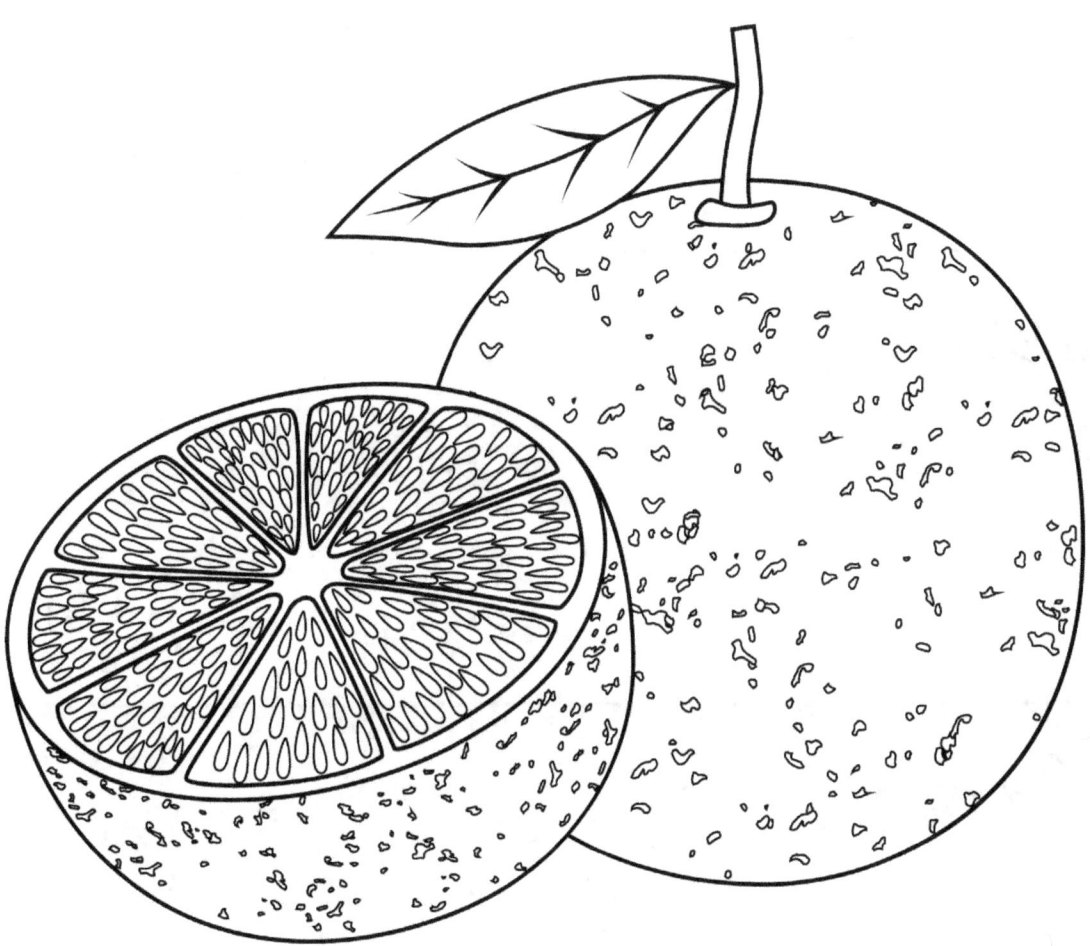

Naranja

Naranja
_____
_____
_____

Cavalo

Ca_allo

Noz

Nue_

Polvo

Pul_o

Laranja

N_ranj_

Coruja

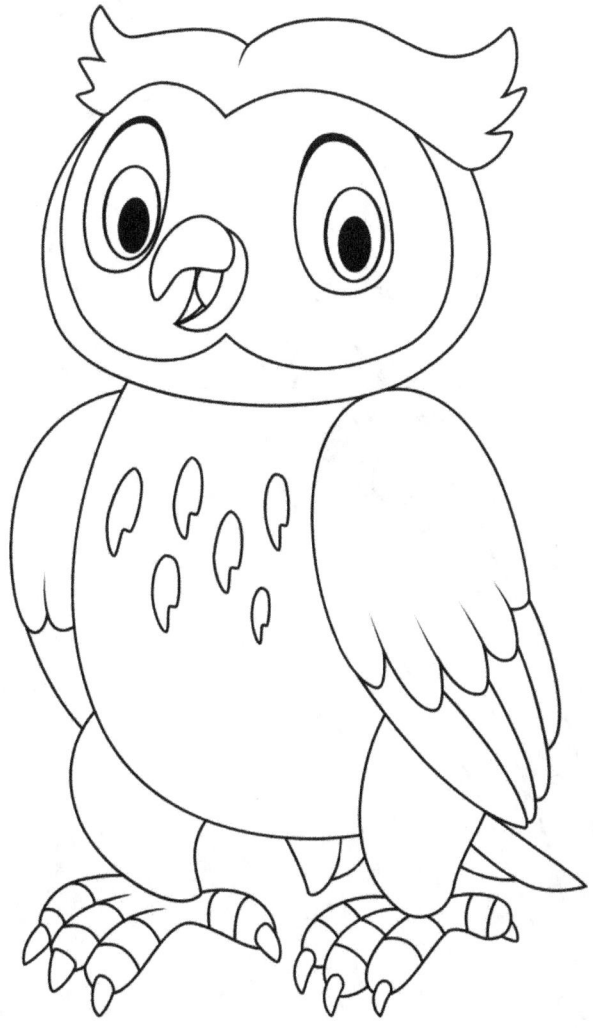

Lechuza

Lechuza
_____
_____
_____

Caneta

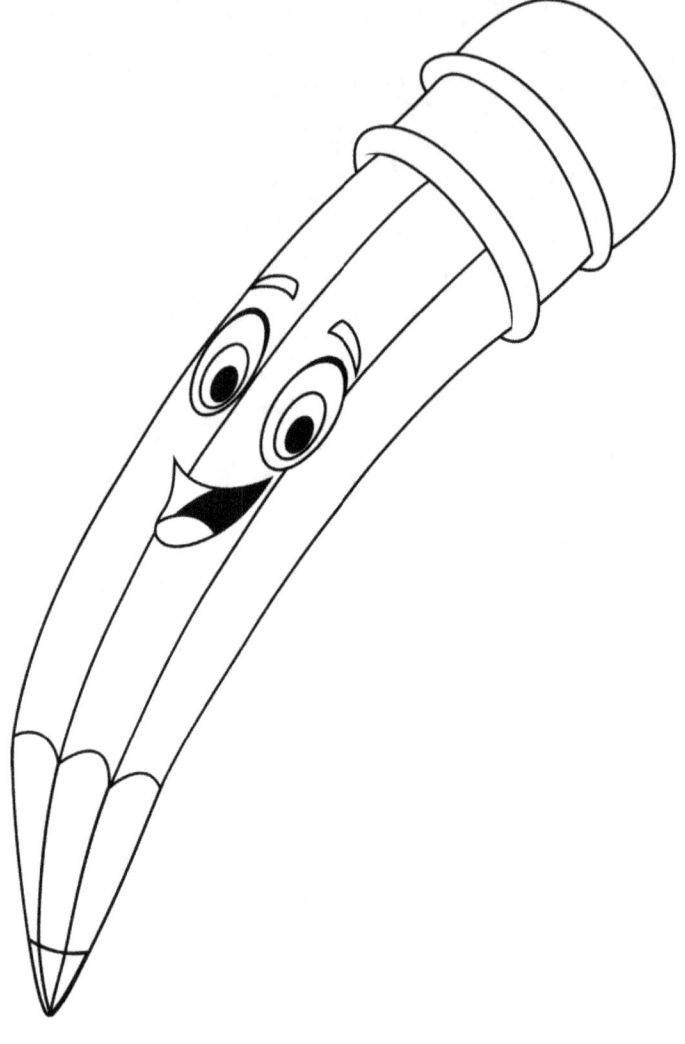

Lápiz

Lápiz
_____
_____
_____

Torta

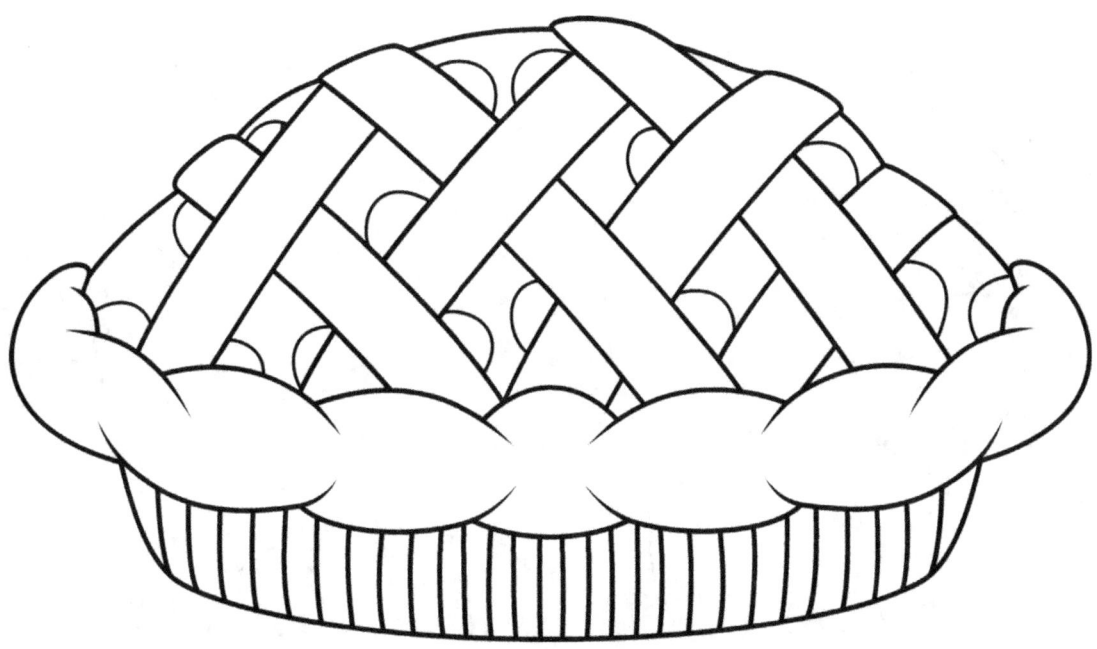

Pastel

Pastel

Porco

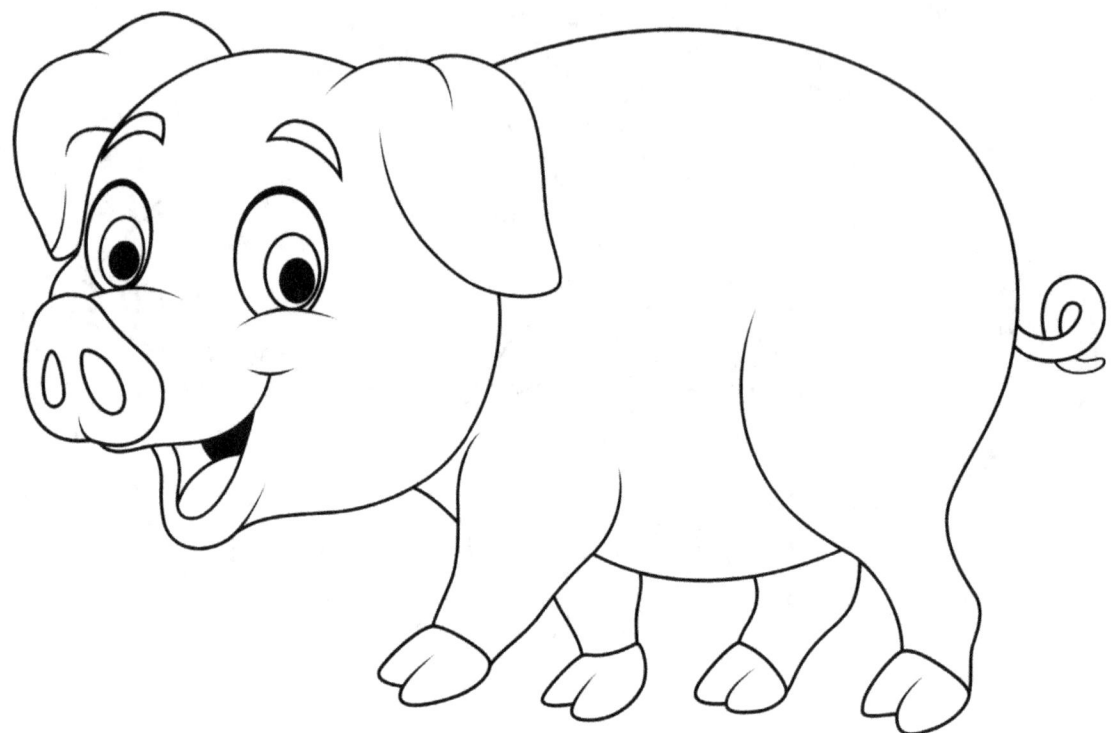

Cerdo

Cerdo

Coruja

L_chuza

Caneta

Lá__z

Torta

__stel

Porco

__rdo

Pássaro

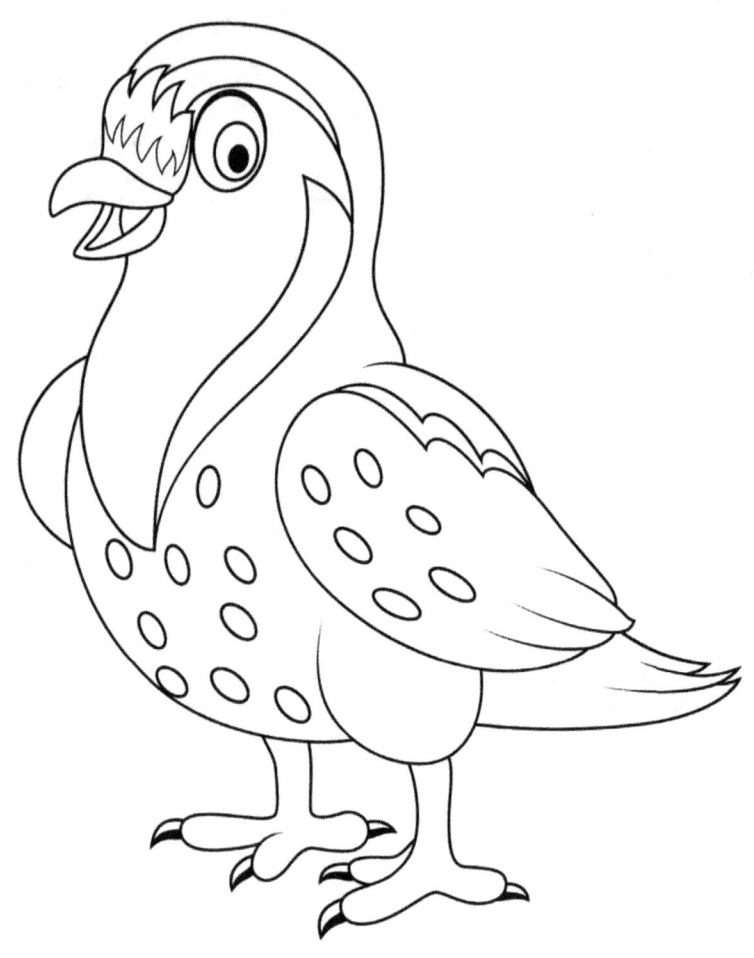

Pájaro

Pájaro
_____

_____

_____

Rainha

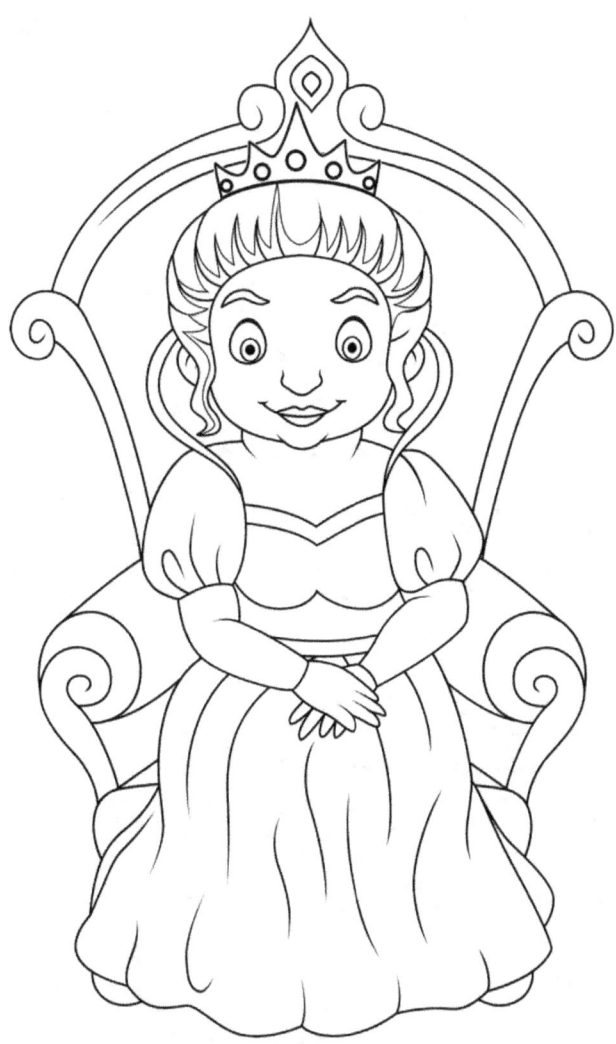

Reina

Reina
_____
_____
_____

Pena

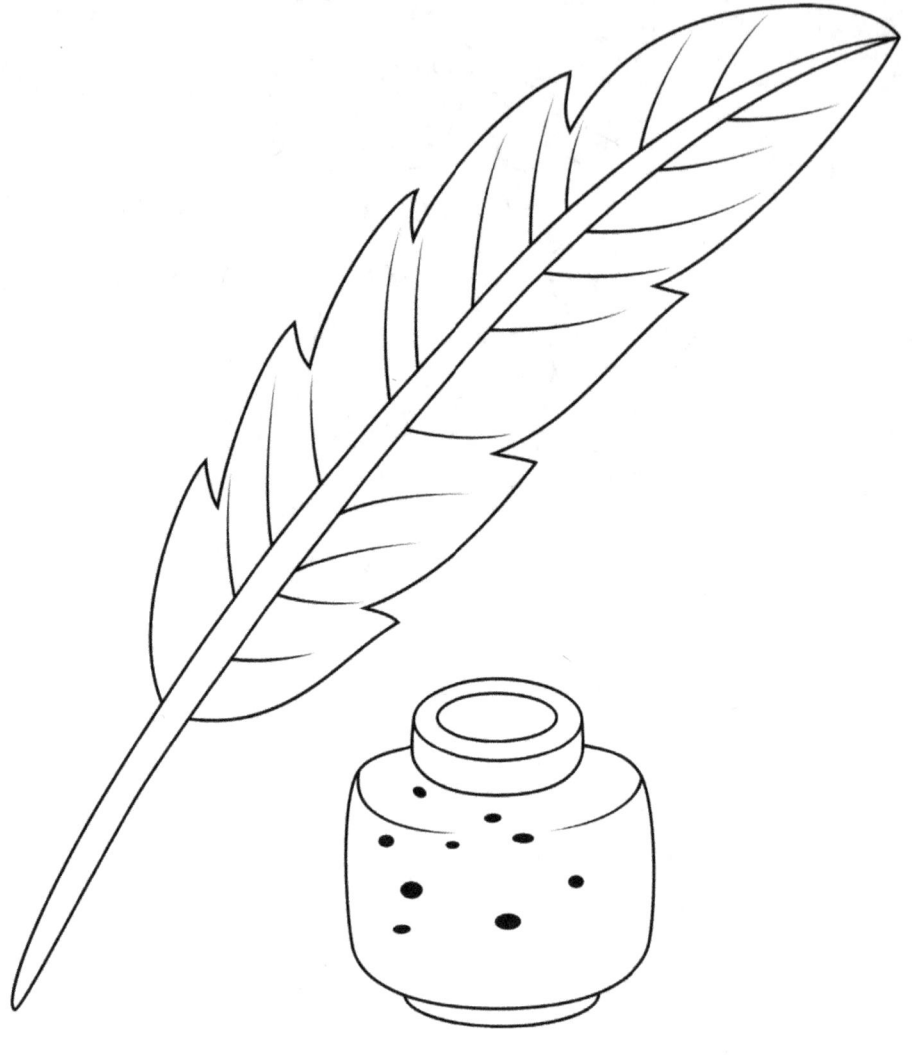

Pluma

Pluma

Coelho

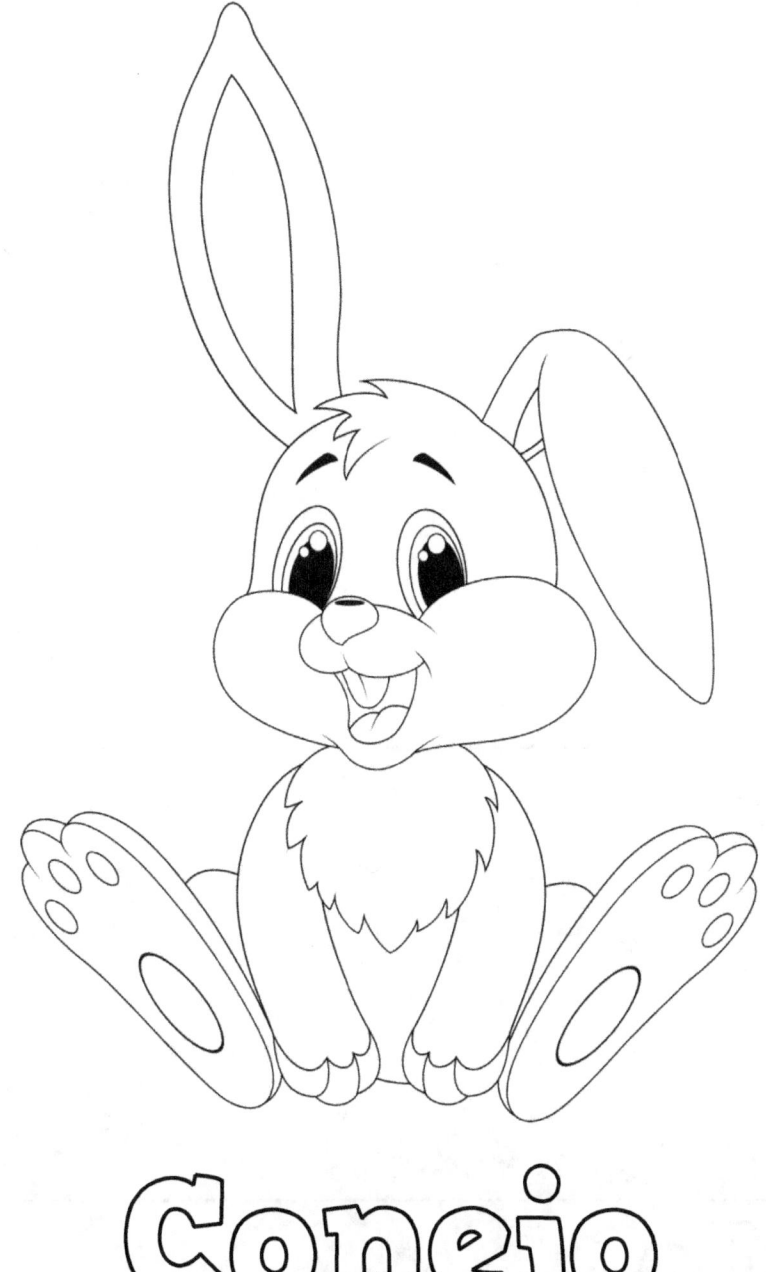

Conejo

Conejo
_____
_____
_____

Pássaro

Páj__o

Rainha

Re__a

Pena

P_um_

Coelho

onej

Rinoceronte

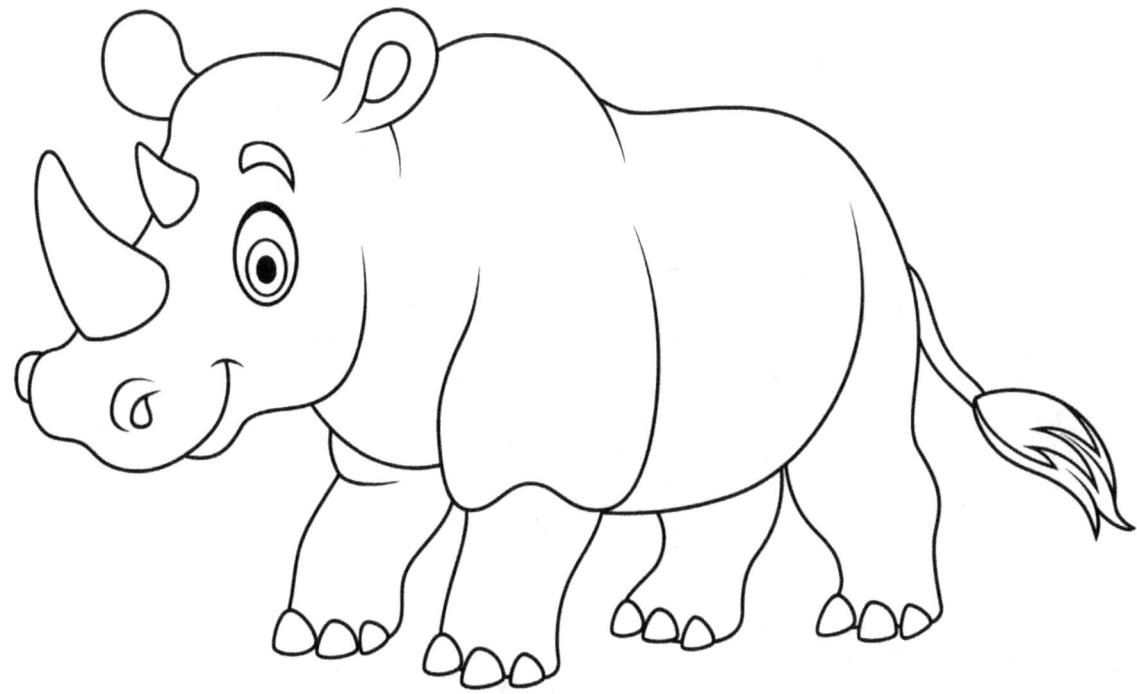

Rinoceronte

Rinoceronte
_____
_____
_____

Robô

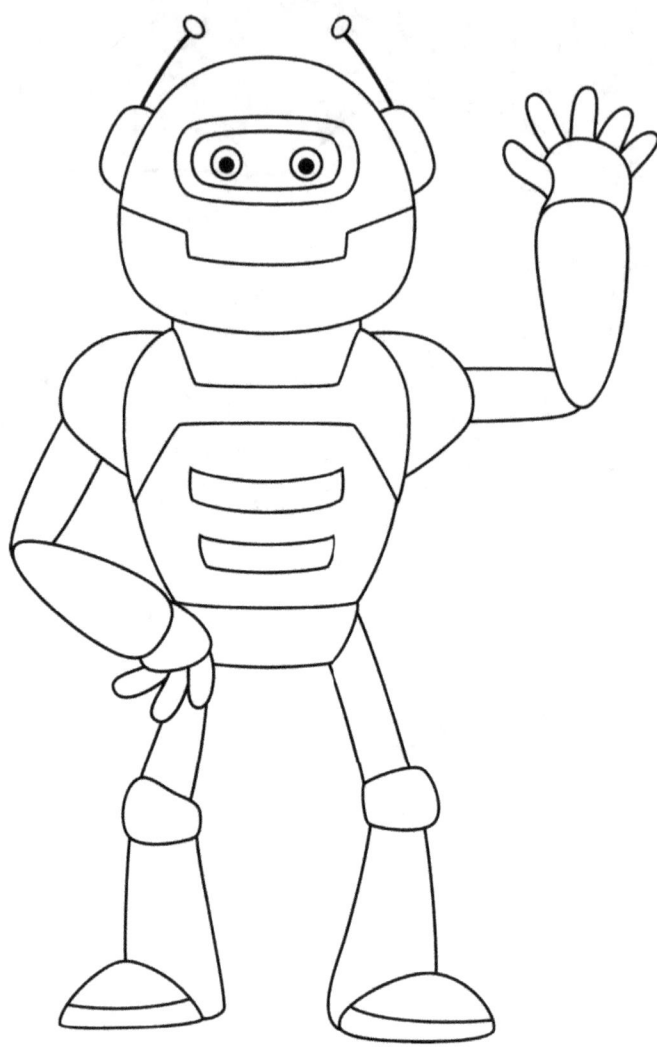

Robot

Robot

Tigre

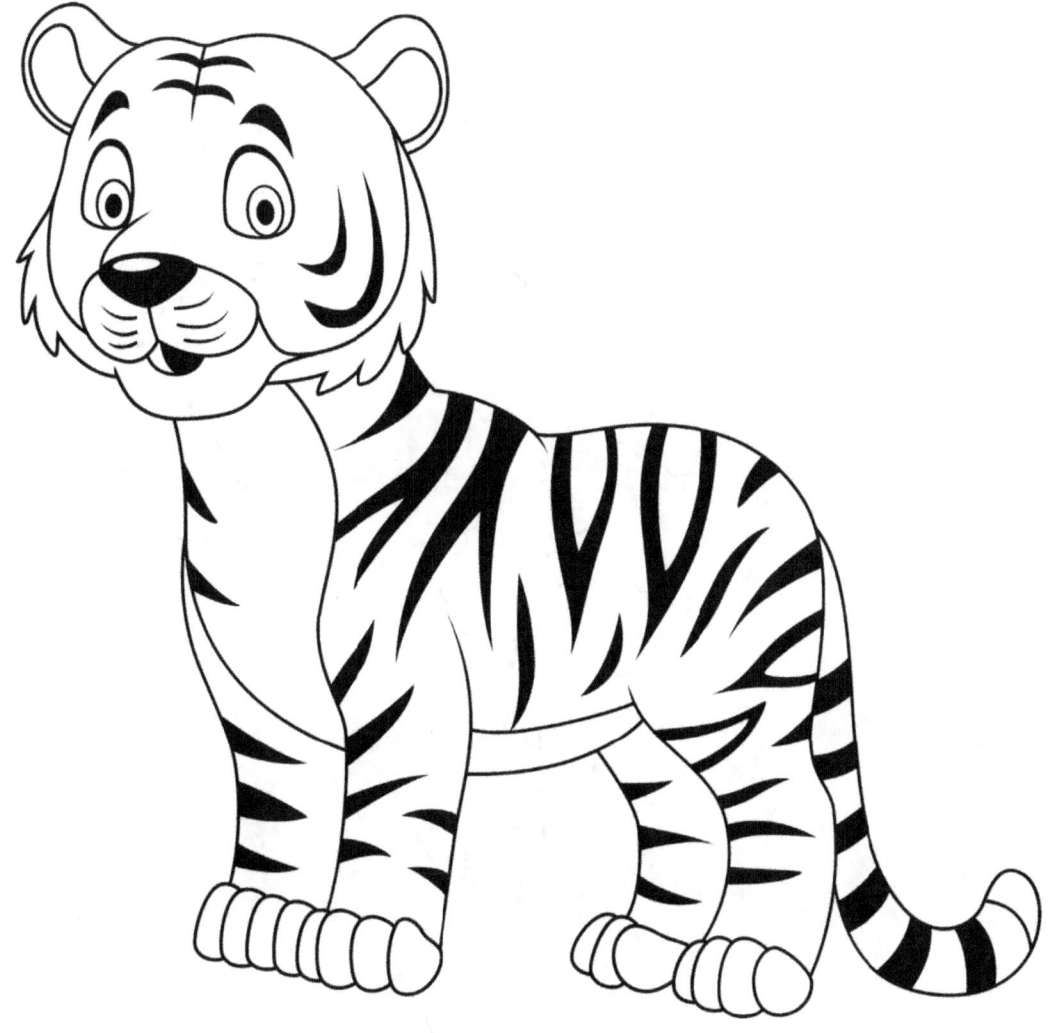

Tigre

Tigre

Árvore

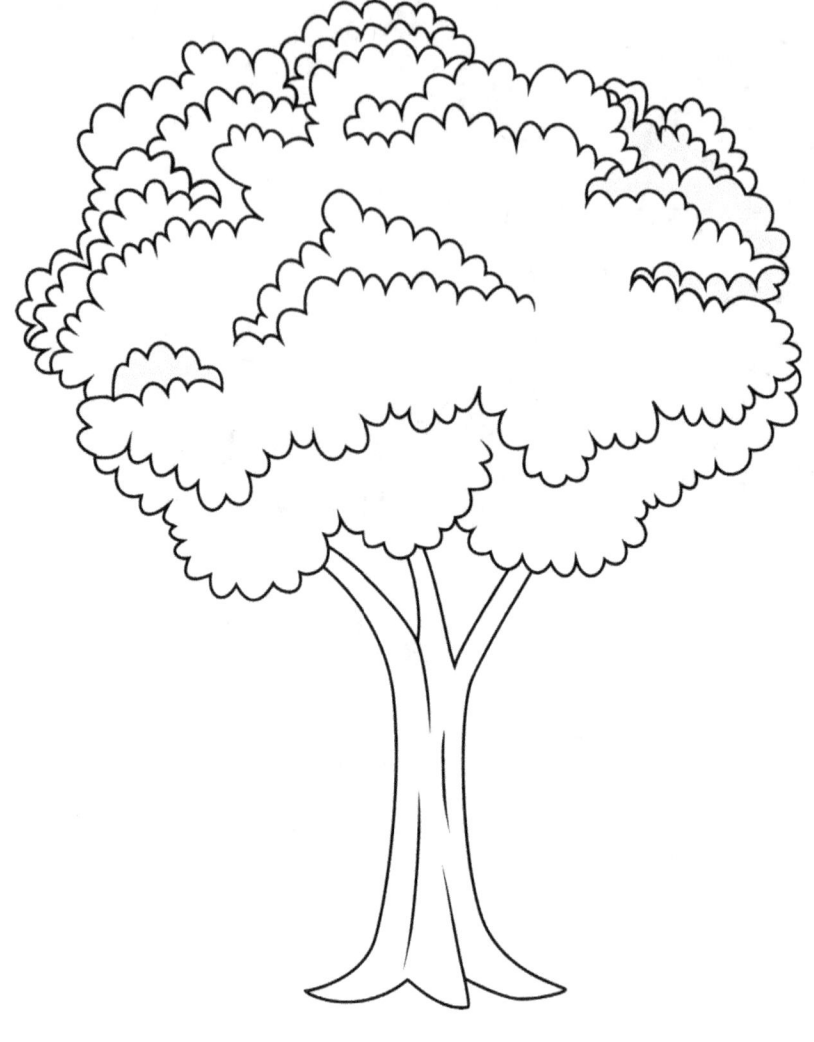

Árbol

Árbol
_____
_____
_____

Rinoceronte

Rin_cero_te

Robô

Ro__t

Tigre

_ig_e

Árvore

__bol

Guarda-chuva

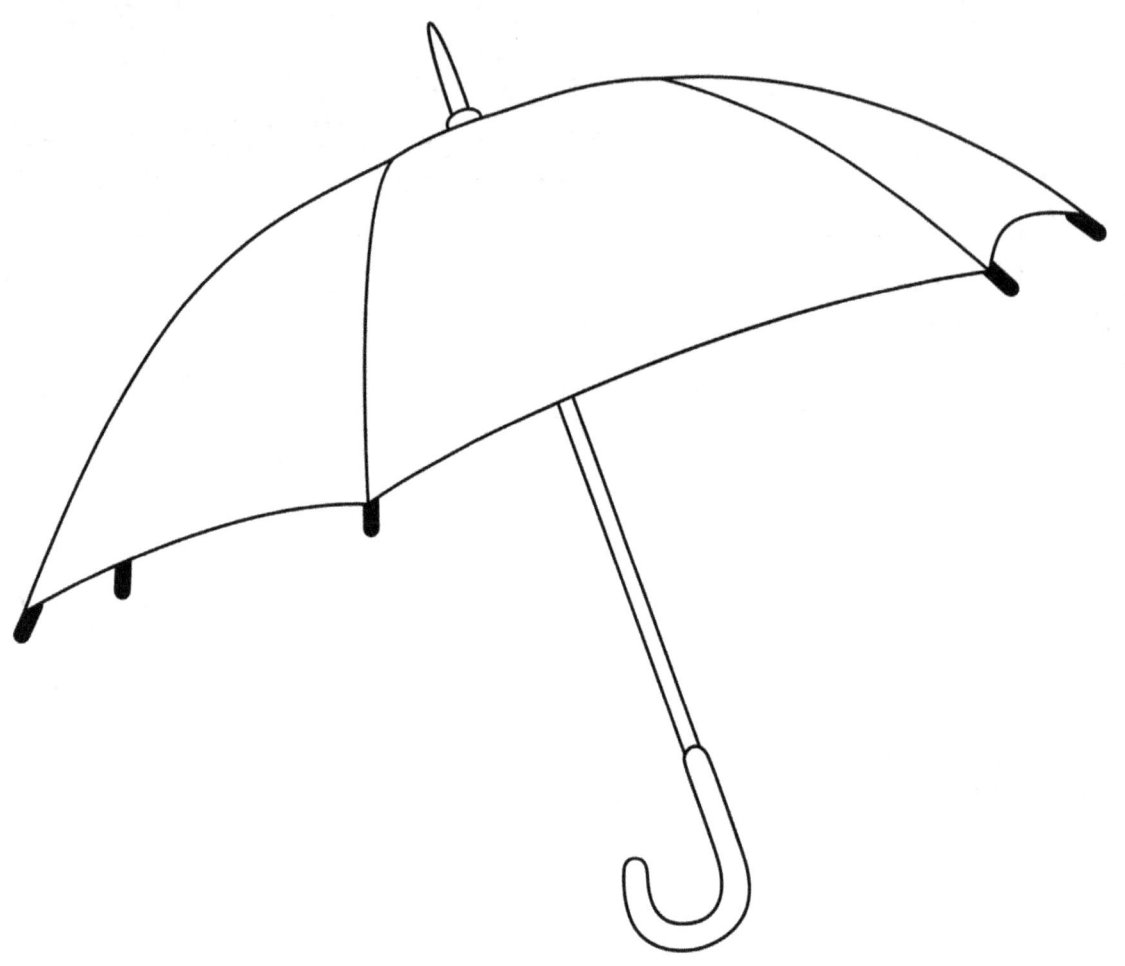

Paraguas

Paraguas

Ouriço-do-mar

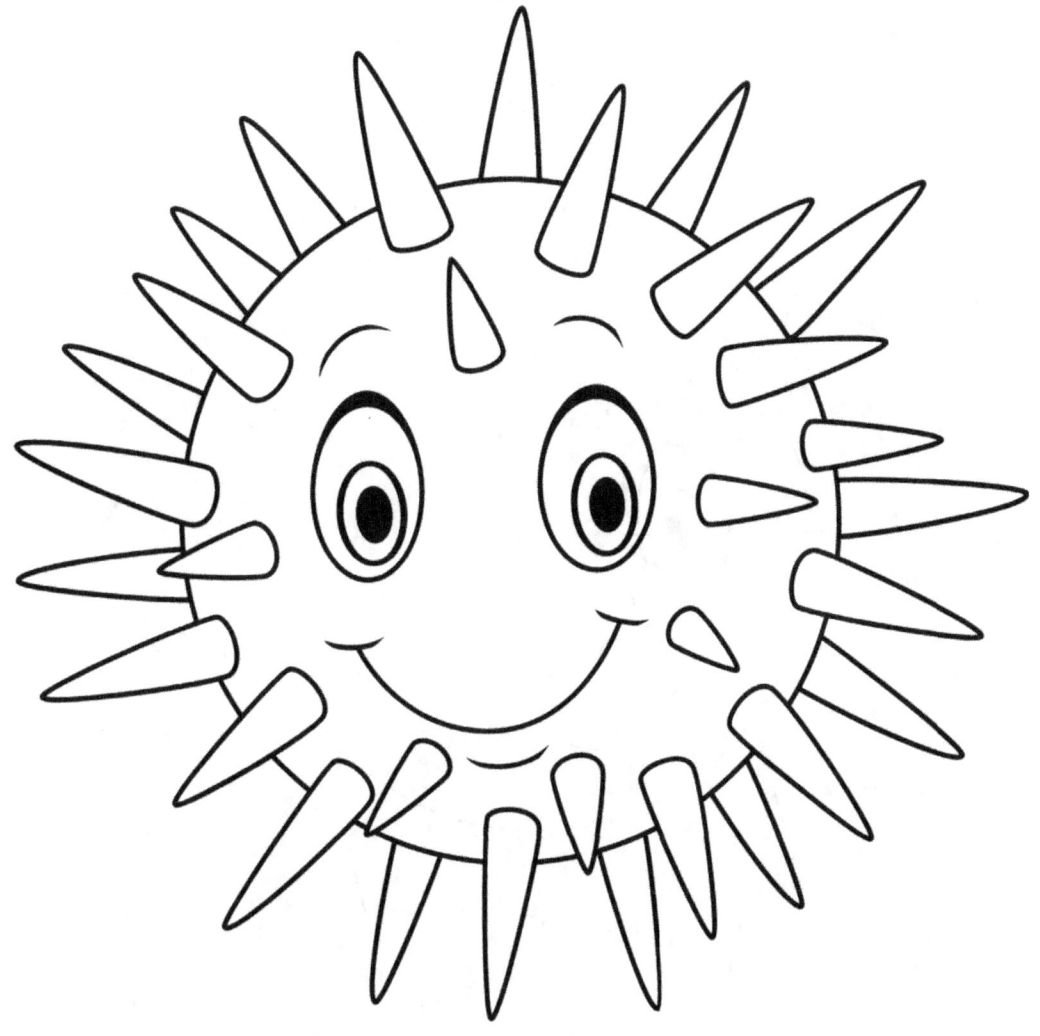

Erizo de mar

Erizo de mar

Sol

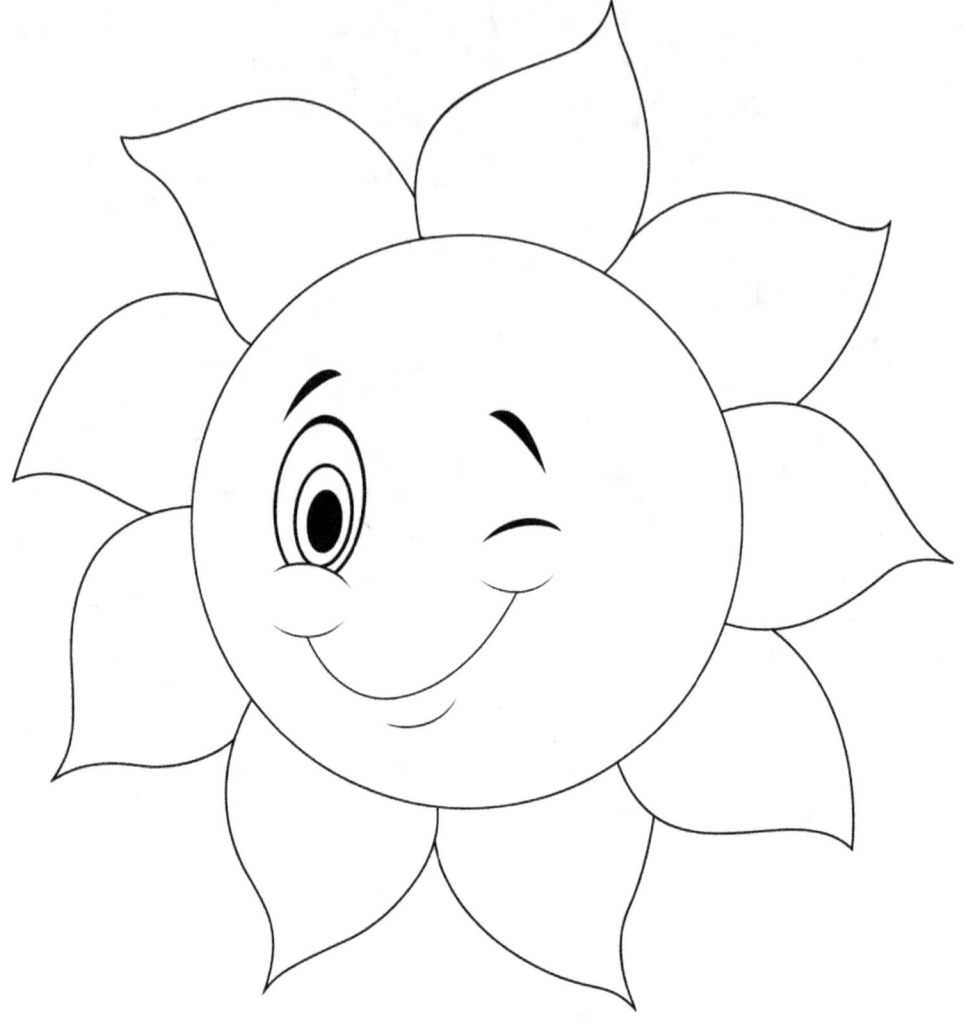

Sol

Sol
_____
_____
_____

Vegetal

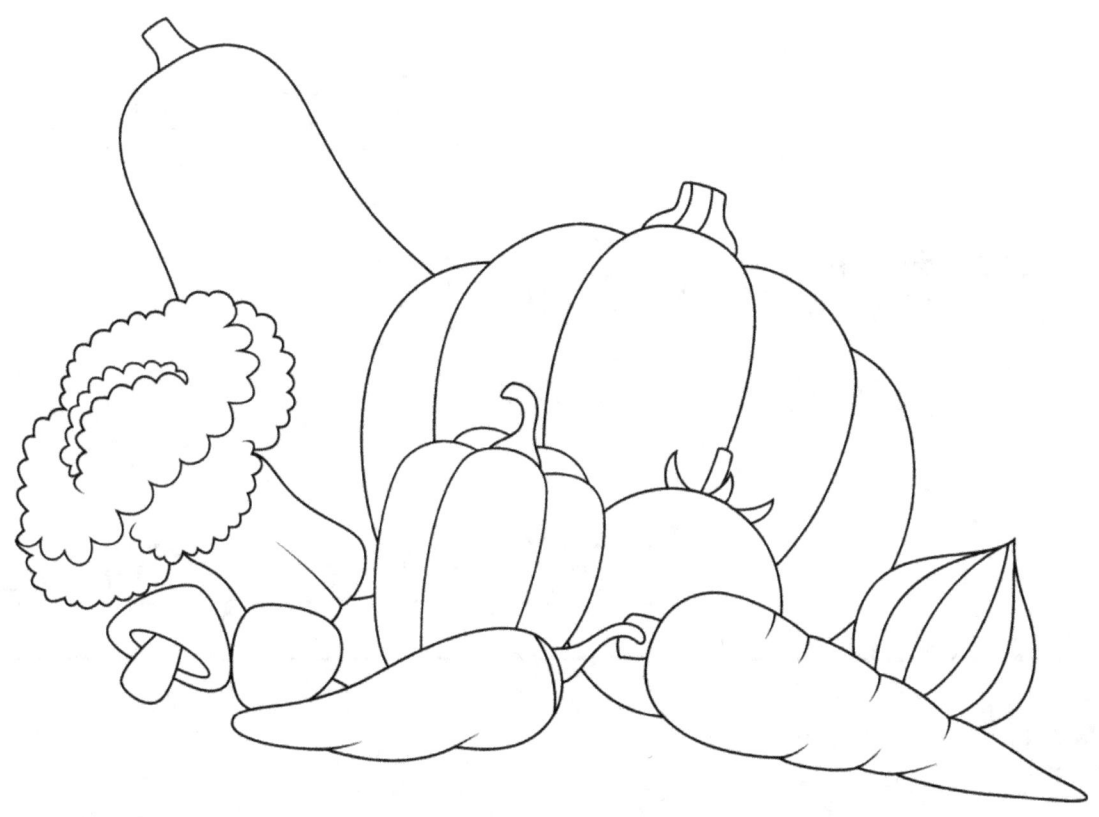

Verdura

Verdura
_____
_____
_____

Guarda-chuva

Parag_a_

Ouriço-do-mar

Eri_o de_mar

Sol

_ol

Vegetal

_e_dura

Vulcão

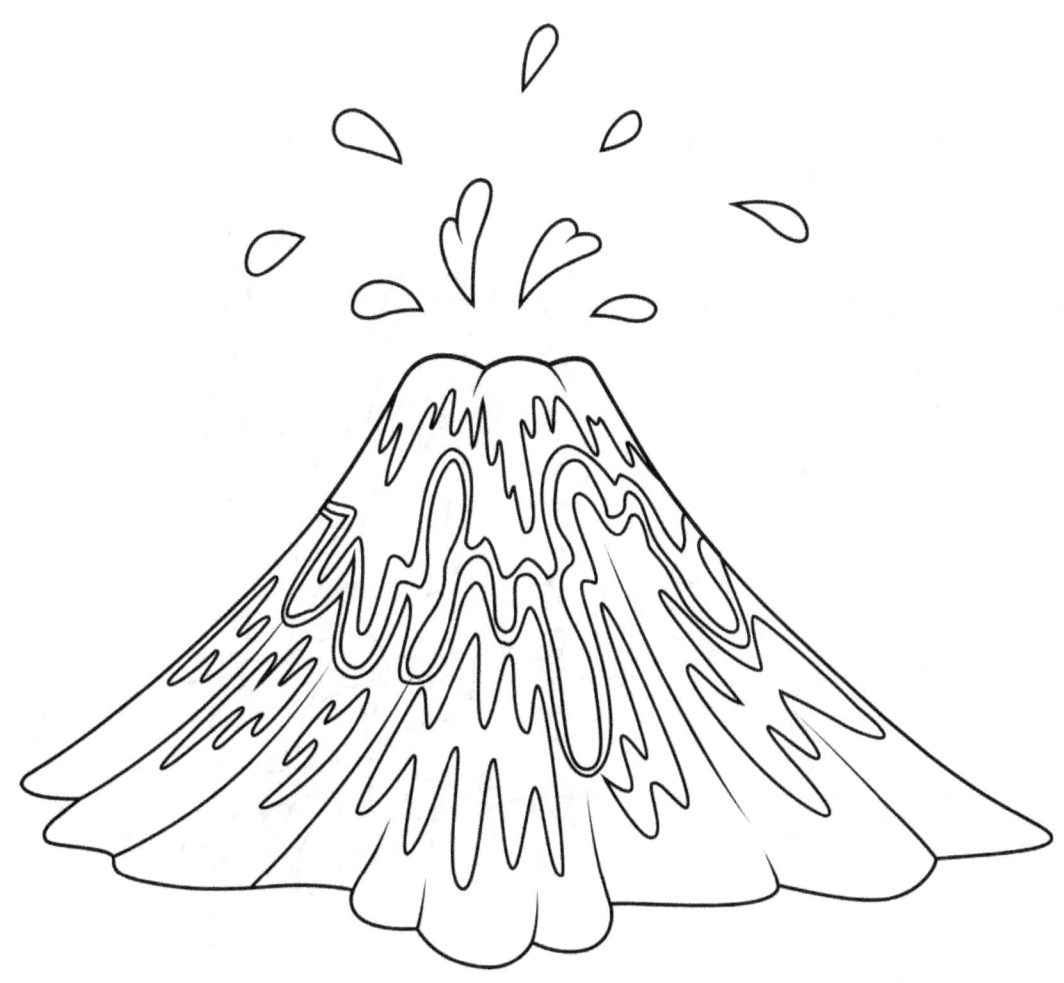

Volcán

Volcán
_____
_____
_____

Abutre

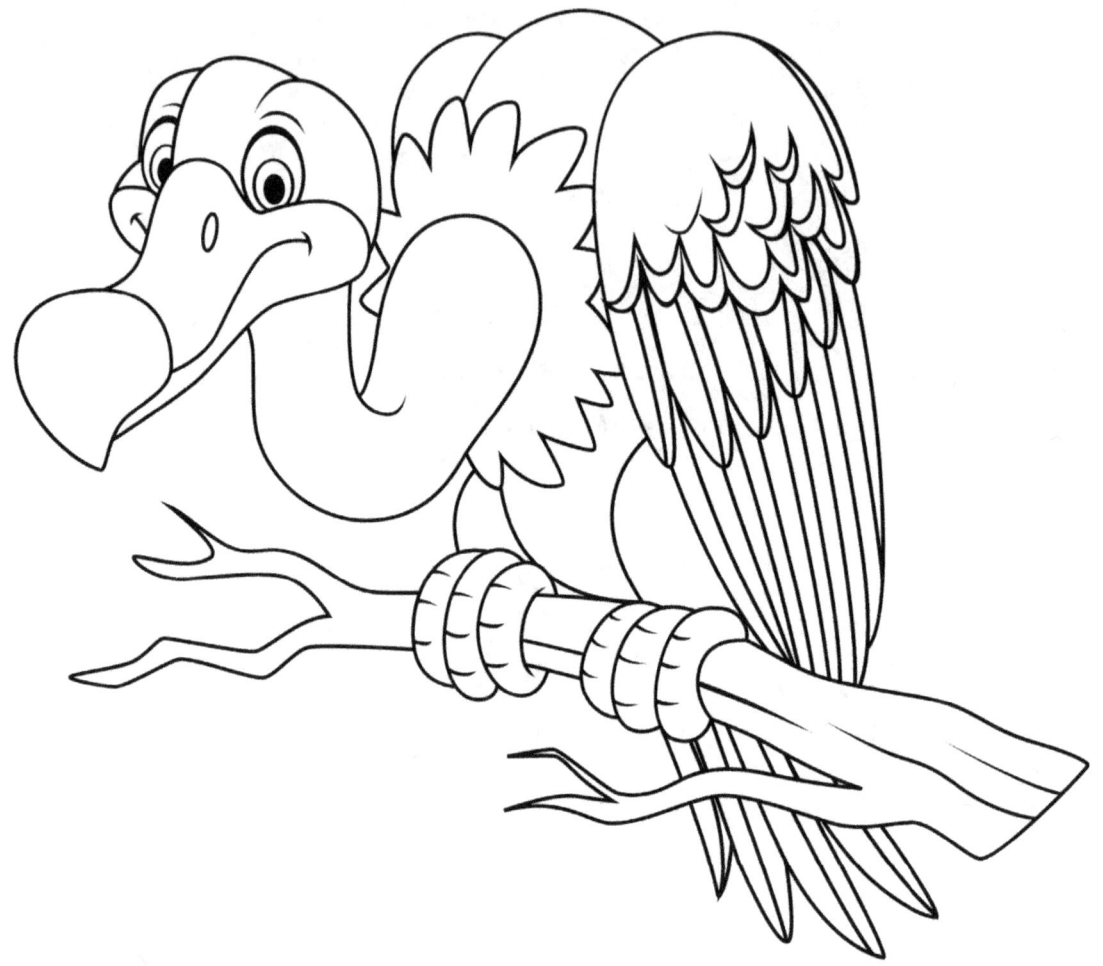

Buitre

Buitre

Melancia

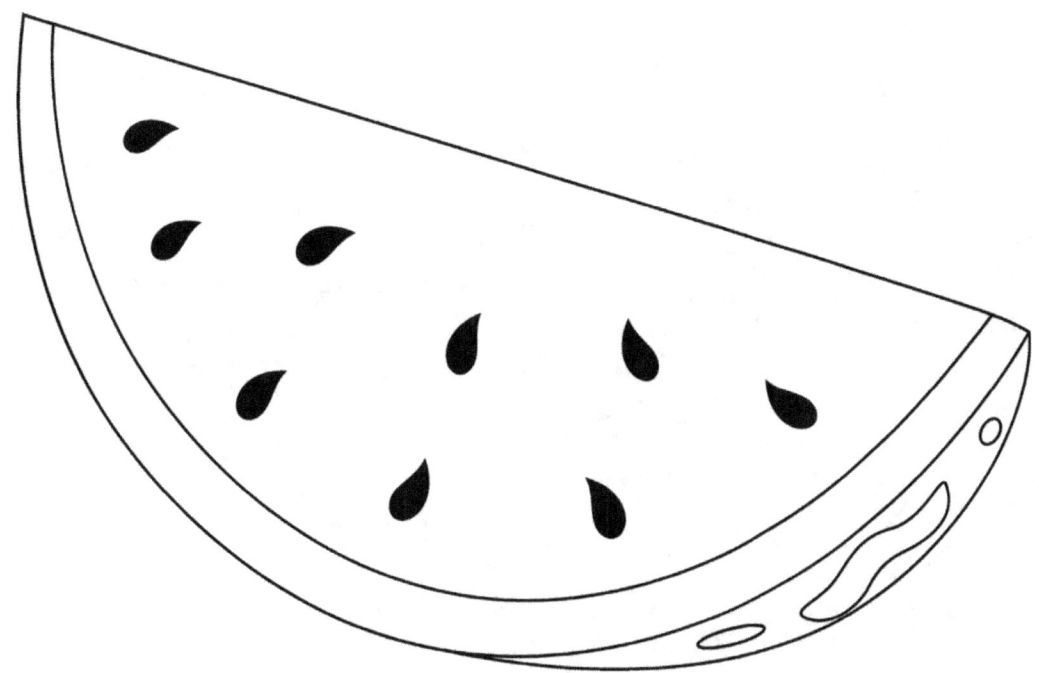

Sandía

Sandía
_____

_____

Baleia

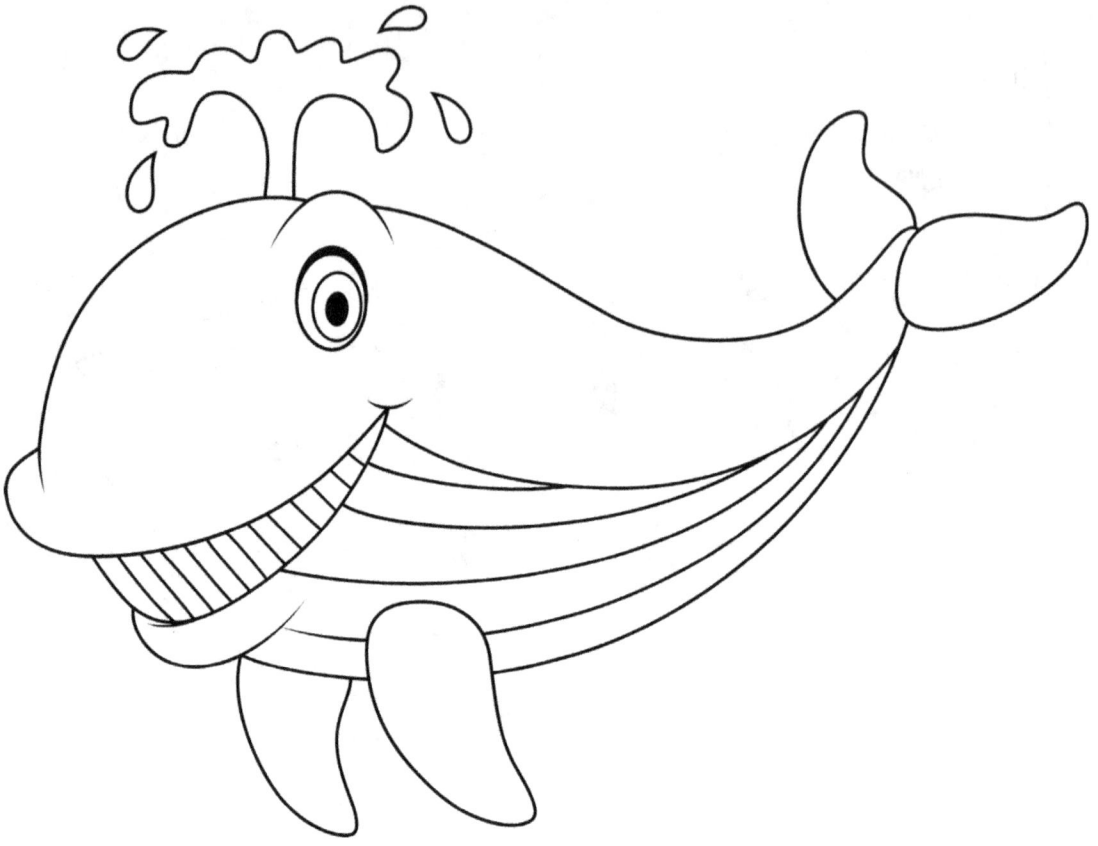

Ballena

Ballena
_____
_____
_____

| Vulcão | Vol_á_ |

| Abutre | B_itr_ |

| Melancia | _a_día |

| Baleia | B_l_ena |

Janela

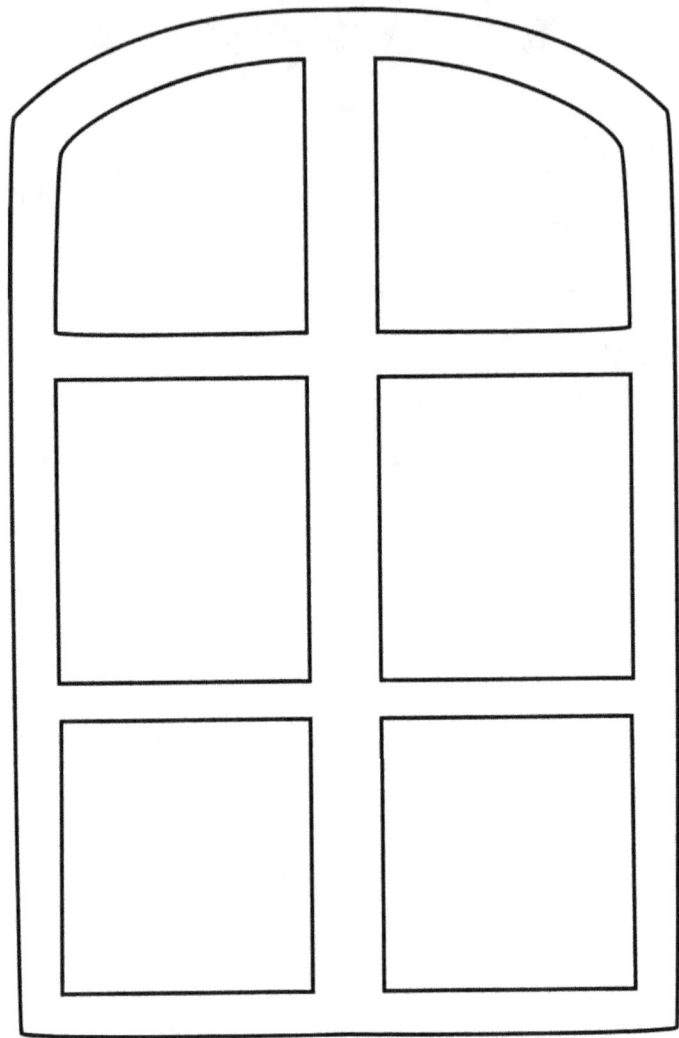

Ventana

Ventana

Xilofone

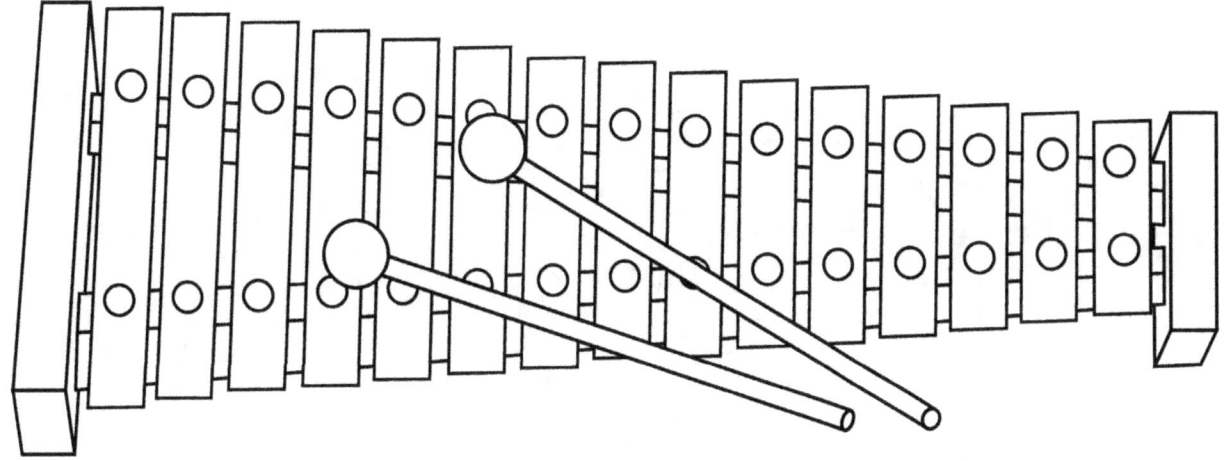

Xilófono

Xilófono

Veleiro

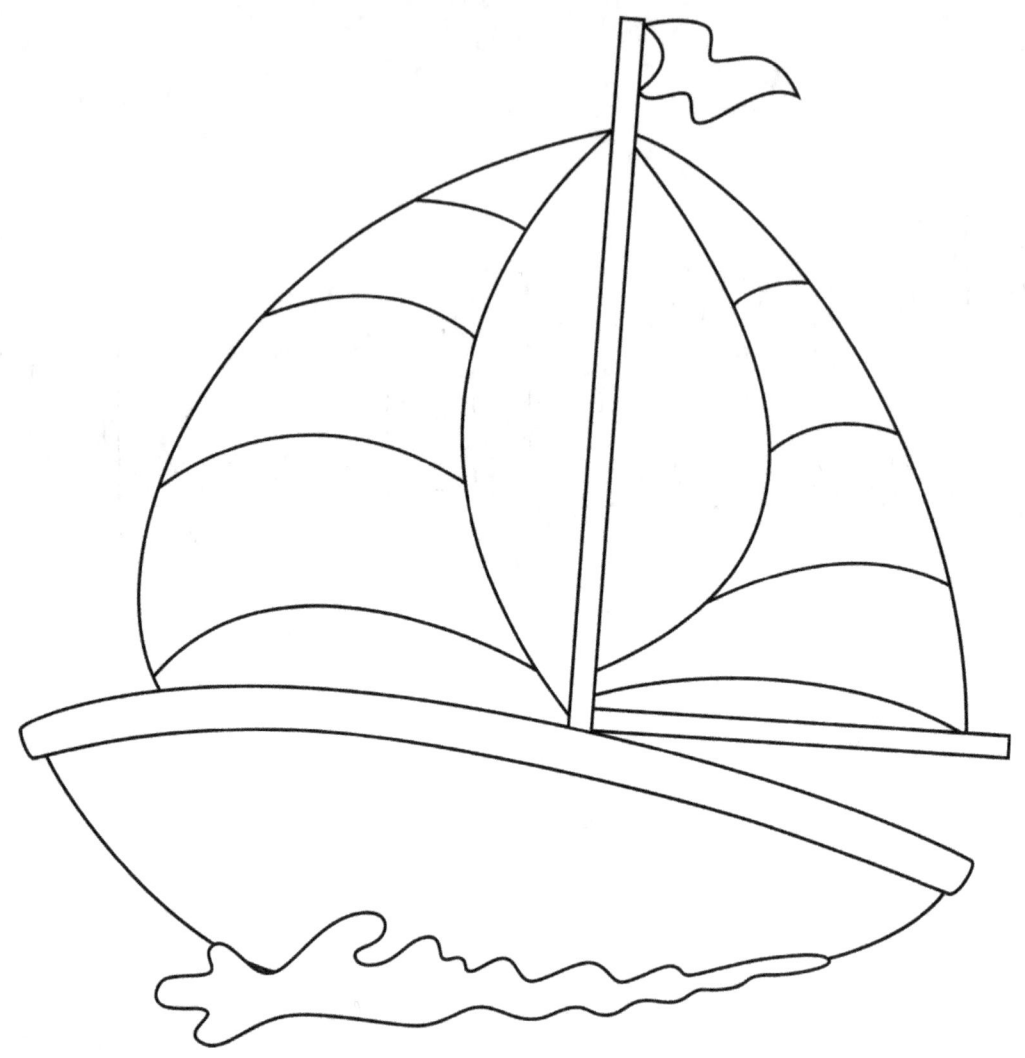

Embarcación de vela

Embarcación de vela

Boneco

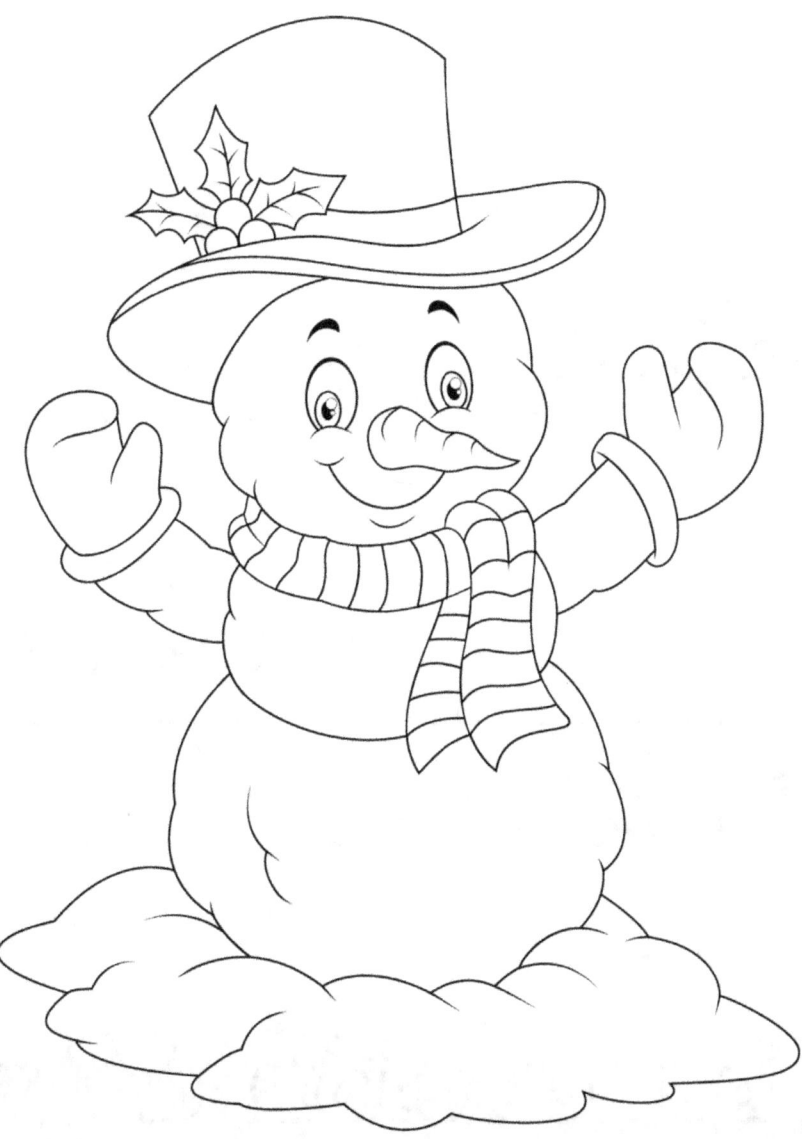

Muñeco de nieve

Muñeco de nieve

Janela

_ent_na

Xilofone

Xi__fono

Veleiro

E_ba_cación de vela

Boneco

Muñ_c_ de nieve

Iogurte

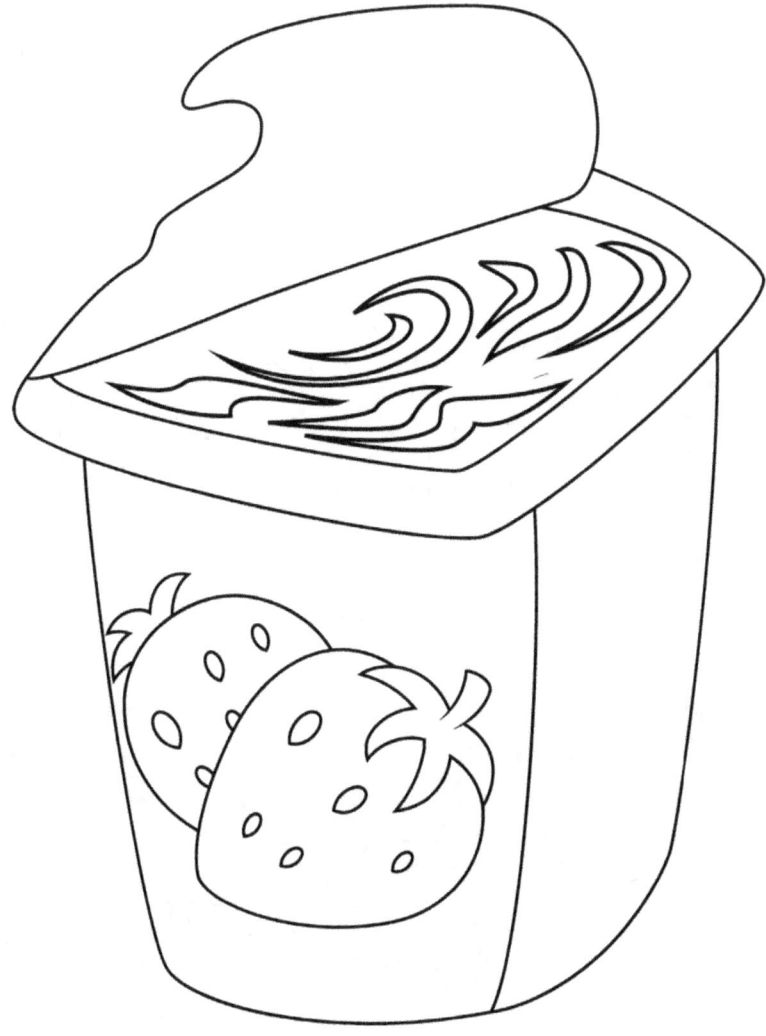

Yogur

Yogur

Galinha

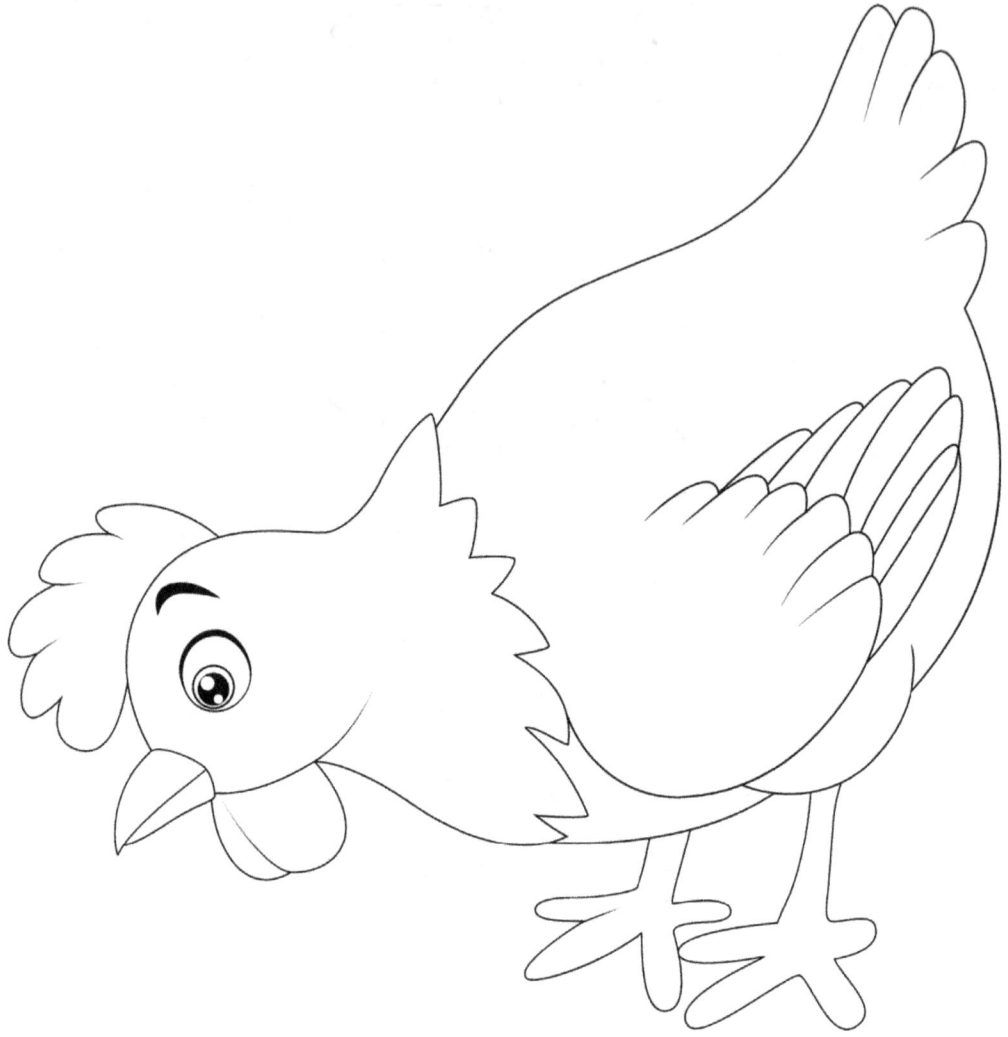

Gallina

Gallina
_____
_____
_____

Chave

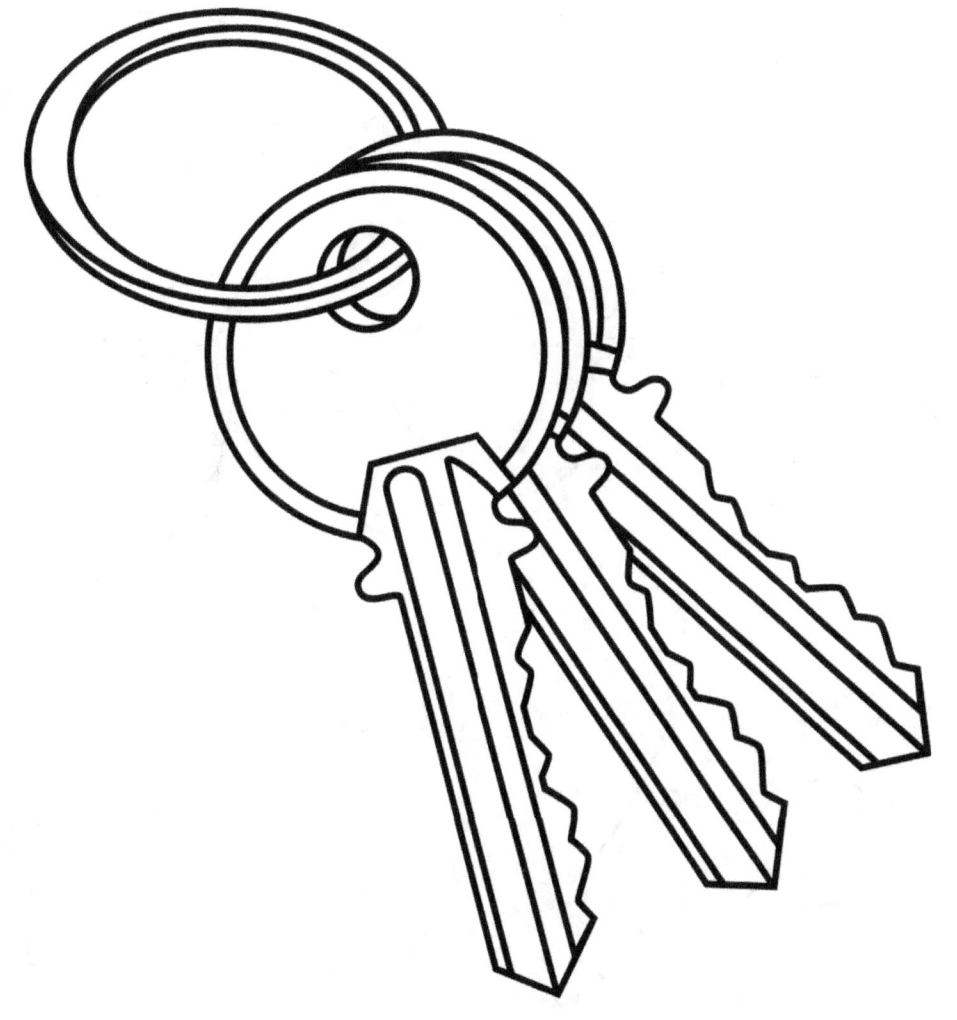

Llave

Llave
_____
_____
_____

Coala

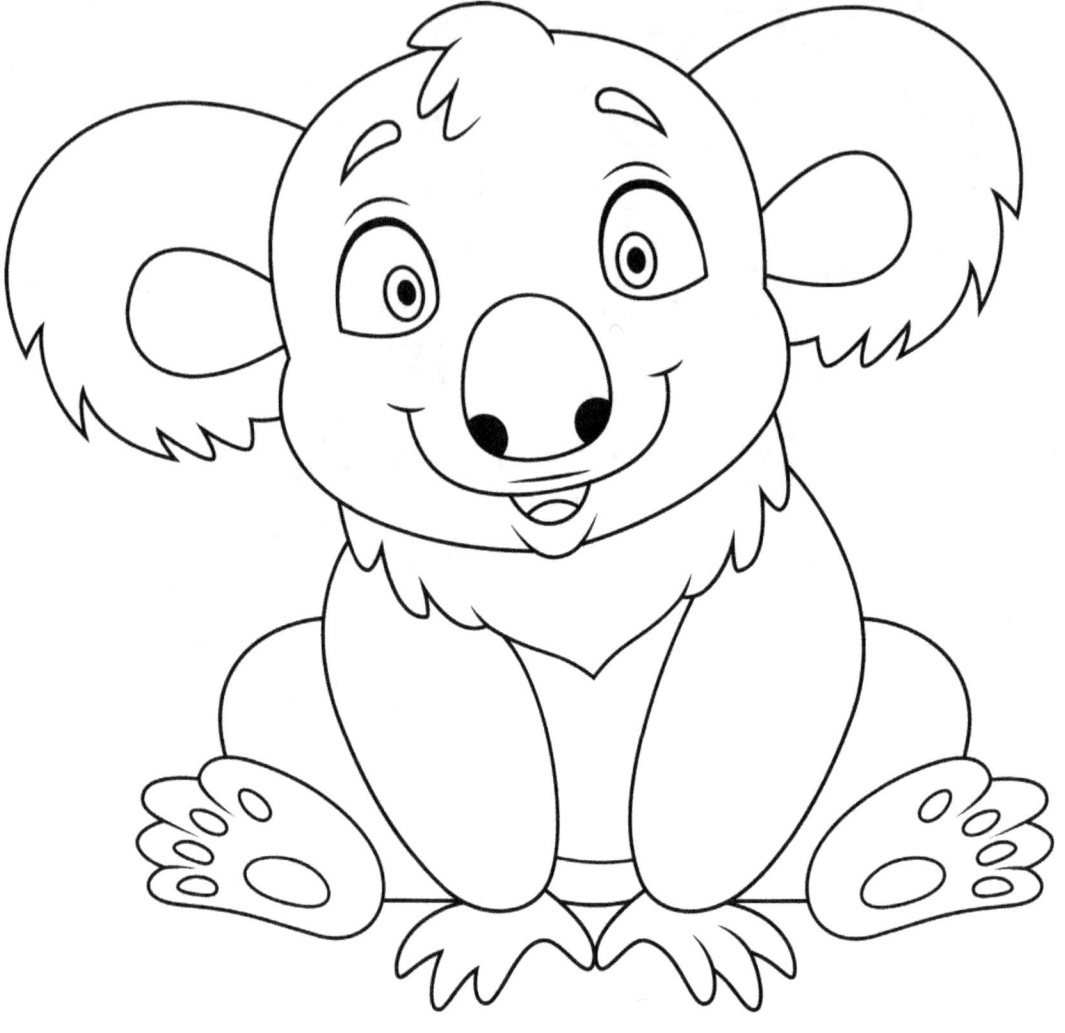

Koala

Koala

Iogurte

_og_r

Galinha

Gal_ina

Chave

L_ave

Coala

__ala

Formiga	-
Maçã	-
Astronauta	-
Banana	-
Urso	-
Livro	-
Carro	-
Gata	-
Milho	-
Cachorro	-
Rosquinha	-
Tambor	-
Caracol	-
Zebra	-
Elefante	-
Peixe	-

Flor	-
Raposa	-
Girafa	-
Óculos	-
Uva	-
Hambúrguer	-
Hipopótamo	-
Casa	-
Sorvete	-
Iguana	-
Pato	-
Jaguar	-
Geléia	-
Água-viva	-
Zepelim	-
Kiwi	-
Morango	-

Folhas	-
Lâmpada	-
Leão	-
Macaco	-
Rato	-
Mata-moscas	-
Prego	-
Cavalo	-
Noz	-
Polvo	-
Laranja	-
Coruja	-
Caneta	-
Torta	-
Porco	-
Pássaro	-
Rainha	-

Pena	-
Coelho	-
Rinoceronte	-
Robô	-
Tigre	-
Árvore	-
Guarda-chuva	-
Ouriço-do-mar	-
Sol	-
Vegetal	-
Vulcão	-
Abutre	-
Melancia	-
Baleia	-
Janela	-
Xilofone	-
Veleiro	-

Boneco	-
Iogurte	-
Galinha	-
Chave	-
Coala	-

© nerdMedia 2018

This work, including all its parts, is protected by copyright. Any use is not permitted without the author's consent. This applies in particular to copying, translation, storage and processing in electronic systems. Contact: Dirk Kolodziej/Peppermühl 9/48249 Dülmen/Germany info4us@nerdmedia.eu Cover design: nerdMedia Cover photo: depositphotos.com - Print Output Black & White: Amazon Media EU S.Ã .r.l./5 Rue Plaetis/L-2338 Luxembourg